Informatik aktuell

Herausgegeben
im Auftrag der Gesellschaft für Informatik (GI)

Herwig Unger (Hrsg.)

Echtzeit und Sicherheit

Echtzeit 2018

Fachtagung des gemeinsamen Fachausschusses
Echtzeitsysteme von
Gesellschaft für Informatik e.V. (GI),
VDI/VDE-Gesellschaft für Mess- und Automatisierungs-
technik (GMA) und
Informationstechnischer Gesellschaft im VDE (ITG)
Boppard, 15. und 16. November 2018

GESELLSCHAFT FÜR INFORMATIK E.V.

 VDI/VDE-Gesellschaft
Mess- und Automatisierungstechnik

ITG INFORMATIONSTECHNISCHE
GESELLSCHAFT IM VDE

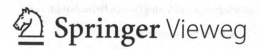 Springer Vieweg

Herausgeber

Herwig Unger
Lehrstuhl für Kommunikationsnetze
FernUniversität in Hagen
Hagen, Deutschland

Programmkomitee

R. Baran	Hamburg
J. Bartels	Krefeld
M. Baunach	Graz
B. Beenen	Lüneburg
J. Benra	Wilhelmshaven
V. Cseke	Wedemark
R. Gumzej	Maribor
W. A. Halang	Hagen
H. H. Heitmann	Hamburg
M.M. Kubek	Hagen
R. Müller	Furtwangen
M. Schaible	München
G. Schiedermeier	Landshut
U. Schneider	Mittweida
H. Unger	Hagen
D. Zöbel	Koblenz

Netzstandort des Fachausschusses Echtzeitsysteme: www.real-time.de

CR Subject Classification (2001): C3, D.4.7

ISSN 1431-472X
ISBN 978-3-662-58095-0   ISBN 978-3-662-58096-7 (eBook)
https://doi.org/10.1007/978-3-662-58096-7

Die Deutsche Nationalbibliothek verzeichnet diese Publikation in der Deutschen Nationalbibliografie;
detaillierte bibliografische Daten sind im Internet über http://dnb.d-nb.de abrufbar.

Springer Vieweg
© Springer-Verlag GmbH Deutschland, ein Teil von Springer Nature 2018

Springer Vieweg ist ein Imprint der eingetragenen Gesellschaft Springer-Verlag GmbH, DE und ist ein Teil
von Springer Nature
Die Anschrift der Gesellschaft ist: Heidelberger Platz 3, 14197 Berlin, Germany

Vorwort

Kontrolle des Eigenheims aus der Ferne, Überweisungen und andere Finanztransaktionen in Echtzeit, Videogespräche über das Internet mit Partnern am anderen Ende der Welt: längst ist eine Reihe von Anwendungen mit Echtzeitcharakter oder -anforderungen an Verarbeitungs- und/oder Übertragungsgeschwindigkeit bequeme Selbstverständlichkeit für jedermann geworden. Weitaus länger und genauso intensiv nutzt die Industrie über das Internet zugängliche oder beeinflussbare Steuerungen und Kommunikationseinrichtungen. Andererseits sind mittlerweile selbst die Nachrichten in den Medien voll mit Meldungen über ungewollte Störungen Dritter, private oder staatlich gewollte oder kontrollierte Angriffe.

Der Wurm Stuxnet, der gezielt kerntechnische Anlagen befiel und empfindlich hätte stören können, war nur ein erster, massiver Fall, der in die Öffentlichkeit durchdrang und damit der Allgemeinheit die Gefährdungslage unmissverständlich vor Augen führte. Die wirklichen Gefahren, die durch Cyberattacken oder gar einen Cyberkrieg heraufbeschworen werden, konnte der gewillte Bürger von diesem Zeitpunkt an leicht selbst einschätzen, insbesondere wenn er die Abhängigkeit der Industrie und des öffentlichen Lebens vom Internet in vollem Umfange begreift. Es wird klar, dass es hierbei nicht mehr nur um finanzielle Verluste, sondern um reale Gefahren für Leib und Leben der Bevölkerung geht.

Vergessen wird in den Betrachtungen gerne, dass immanente Gefährdungen jedoch vor allem von der Komplexität der zu steuernden und der steuernden Systeme selber ausgehen. Genaue und tiefgehende Durchdringungen aller Anwendungsfälle und Tests aller möglichen Kombinationen von Eingabedaten sind i. A. aber vor allem durch viel zu kurze Zeitvorgaben bei den Entwicklungsterminen nicht zu realisieren: ökonomische Zwänge dominieren Sicherheitsbedenken. So sind selbst bei einem optimal verlaufenden Systementwurf (systematische) Fehler in den Quellcodes in keiner Weise völlig auszuschließen und heute eher die im Prototyp zu erwartende Regel. Ungewollte und unberücksichtigte Veränderungen in den Systemumgebungen, insbesondere durch Wechselwirkungen mit anderen (fremdentwickelten) Systemen, tragen während der Nutzungsdauer ein weiteres, besonderes Risiko in sich, sind aber gerade im Zeitalter mehr und mehr automatischer und sich selbst organisierender Produktion typische Situationen.

Damit ist es nur konsequent, dass das Leitthema unserer nun zum 39. Mal stattfindenden Tagung „Echtzeit" mit der Unterthematik Systemsicherheit wieder einmal die aktuelle Entwicklung aufgreift und sich (wiederholt) der Frage stellt, welche Veränderungen hier in den letzten Jahren eingetreten sind.

Mit der nun DIN-normierten Echtzeitsprache SafePEARL hat der entsprechende Arbeitskreis unseres Fachausschusses unzweifelhaft einen einzigartigen Beitrag für sichere Systeme geleistet: eine Arbeit, die auf eine inzwischen fast fünfzigjährige Entwicklung von den ersten Anfängen an zurückblicken kann. Diesem Erfolg widmen wir in diesem Jahr einen speziellen Eröffnungsvortrag, der nach allen Einzelbeiträgen der Vorjahre das Gesamtwerk ausführlich würdigt.

Neben weiteren Beiträgen zur Vermeidung von Störungen der Arbeit datenverarbeitender Systeme und von Kommunikation durch Dritte ist Fehlervermeidung und -toleranz die zweite Seite der Medaille. Funktionale Sicherheit stellt daher das Thema einer weiteren Sitzung unseres Treffens dar, das sowohl in industriellen Normen als auch in der Lehre seine Widerspiegelung findet. Aktuelle Anwendungen im Rahmen von Industrie 4.0, wie z. B. flexible Transportsysteme und insbesondere Autonomes Fahren, bieten hier eine Vielzahl von Themen zur Diskussion. Eine Reihe weiterer Beiträge aus Hardware- und Betriebssystemsicht und insbesondere in Bezug auf Schnittstellen komplettiert die Perspektive des Fachausschusses auf die Probleme.

Offen bleibt trotz aller wissenschaftlichen und technischen Leistungen dennoch eine Reihe von Fragen. Ihr Kern lässt sich in einer Frage zusammenfassen, und zwar warum die Industrie auf alle bislang präsentierten und z. T. sogar sehr einfachen Hardwarelösungen (wie z. B. den Übergang zur Harvard-Architektur) verzichtet und stattdessen ausschließlich auf immer wieder korrumpierbare Softwarelösungen setzt.

Alle Organisatoren der Tagung hoffen, dass das Hotel „Ebertor" in Boppard mit der unvergleichlichen Natur des mittleren Rheintals erneut ein inspirierender und für den Fachausschuss fast heimischer Ort für eine Reihe innovativer Vorträge und fruchtbringender Diskussionen sein wird. Nicht zuletzt sei wiederum Frau Düring für ihre Arbeit bei der Organisation der Tagung und der technischen Erstellung des vorliegenden Tagungsbandes gedankt.

Hagen, im August 2018   Herwig Unger

Inhaltsverzeichnis

Sicherheitsgerichtete Echtzeitsysteme

Von Algol 68 zu SafePEARL

Wolfgang A. Halang und Marcel Schaible

ehem. Lehrstuhl für Informationstechnik, insb. Realzeitsysteme
FernUniversität in Hagen, 58084 Hagen
{wolfgang.halang|marcel.schaible}@fernuni-hagen.de

Zusammenfassung. Anlässlich des Erscheinens der neuen Norm DIN
66253 für die Echtzeitprogrammiersprache PEARL im Jahre 2018 wird
die Entwicklungslinie der Sprache während der letzten 50 Jahre nach-
gezeichnet. Durch Berücksichtigung der im Laufe der Zeit gemachten
Erfahrungen weist diese Linie eine eindeutige Richtung auf: Weg von
komplexen und hin zu einfachen domänenorientierten Konstrukten, die
sich durch sichere Handhabbarkeit und Eignung zur Programmierung
solcher automatisierungstechnischer Anwendungen auszeichnen, die hohen Anforderungen an ihre funktionale Sicherheit genügen müssen. Dazu
wird dargelegt, wie die neue Sprachversion SafePEARL der internatio-
nalen Sicherheitsnorm IEC 61508 gerecht wird. Der Entwicklungsstand
der für die Lehre gedachten Sprachversion OpenPEARL wird skizziert.

1 Automatisierungstechnik und Programmiersprachen

Die in der Automatisierungstechnik vorherrschende Programmierpraxis ist durch
den Einsatz ungeeigneter Hilfsmittel gekennzeichnet. Selbst die in der Norm
IEC 61131-3 speziell für die Steuerungstechnik eingeführte höhere Programmiersprache Strukturierter Text schließt weder potentiell unsichere Sprachkonstrukte
aus noch sieht sie eine sichere Teilsprache vor. In der industriellen Praxis werden
nicht anwendungsgerechte und nicht echtzeitfähige Sprachen wie C, C++ oder
Java eingesetzt, und zwar nicht, weil es keine geeigneteren Sprachen gäbe, sondern weil es Markt und Kunden aus nicht sachgerechten Gründen so fordern. Dies
zwingt dazu, die Unzulänglichkeiten dieser Sprachen in komplizierter, für Dritte
kaum nachvollziehbarer und nicht portabler Weise durch Betriebssystemaufrufe,
Assembler-Einschübe u.ä. wettzumachen. Zwar eliminiert bspw. die von der Firma ETAS entwickelte „Embedded Software Development Language" (ESDL) [2]
einige Fehlermöglichkeiten von C, sieht aber weder Echtzeitfähigkeit noch Ori-
entierung an den Sicherheitsintegritätsstufen gemäß IEC 61508 vor.

Die Entwicklung der deutschen Echtzeitprogrammiersprache PEARL geht
auf den Wunsch zurück, automatisierungs- und kerntechnische Anwendungen
angemessen und mit hoher Produktivität formulieren zu können. Schon um das
Jahr 1967 herum nahmen deshalb Ingenieure und Physiker von Firmen und For-
schungsstellen die Arbeit an der Sprachspezifikation auf, die im April 1973 dann
als erster Forschungsbericht des vom Bund geförderten Programms „Prozeßda-
tenverarbeitung" (PDV) veröffentlicht wurde. Unmittelbar danach wurden erste

Übersetzer erstellt und begann auch die Normung von PEARL, wozu 1974 der Arbeitskreis DIN/FNI AK 5.8 gegründet wurde. Aus seinen Arbeiten gingen eine einfache und eine recht komplexe Version der Sprache hervor, die in den Teilen 1 und 2 der DIN 66253 als Basic PEARL 1981 und als Full PEARL 1982 genormt wurden. Daran schloss sich 1989 der Teil 3 Mehrrechner-PEARL an, der durch konzeptionelle Klarheit und Eleganz besticht und als Muster zur Strukturierung und Programmierung verteilter Systeme bis heute unerreicht ist.

Die in Tabelle 1 dargestellte und sicherlich nicht vollständige Zeittafel zur Geschichte von Programmiersprachen lässt auf den in der Konzeptionsphase von PEARL um 1970 herum herrschenden Zeitgeist schließen. Von den Anfängen der Entwicklung höherer Programmiersprachen 1953 an, als Backus die Idee zu Fortran äußerte, dauerte es nur 15 Jahre, bis mit Algol 68 eine Sprache definiert worden war, die sich durch überbordende Komplexität auszeichnet – woran sie wohl auch gescheitert ist. Daher nimmt es nicht Wunder, dass Full PEARL Eigenschaften wie bspw. dynamische Erzeugung und Hierarchisierung von Tasks vorsah. Derartige Konstrukte machen es praktisch unmöglich, zur Entwurfszeit das spätere Laufzeitverhalten sich dynamisch verändernder Mengen nebenläufiger Prozesse vorherzusagen und vor Inbetriebnahme zu verifizieren.

Andererseits wurde seinerzeit der Schritt von der Maschinen- bzw. Betriebssystemorientierung hin zur Problemorientierung noch nicht konsequent genug vollzogen. Das eklatanteste Beispiel dafür sind die in allen bisherigen PEARL-Versionen vorgesehenen Synchronisationskonstrukte niedrigsten Niveaus, nämlich Semaphore und Bolts, die schon sehr früh als häufigste Fehlerquelle der Echtzeitprogrammierung identifiziert wurden. Erst die neueste, 2018 normierte Version von PEARL schafft hier Abhilfe (vgl. [3], Abschnitt 2 und Tabelle 2).

Gründlich gelöst haben sich die Autoren von PEARL allerdings vom damals und großenteils auch heute noch vorherrschenden Denken in der Informatik, das sich im Fehlen des Zeitbezugs von Algorithmen als zentralem Konzept der Informatik manifestiert. Mit speziellen Datentypen für Zeitpunkte und -dauern sowie expliziten Einplanungsbedingungen in Abhängigkeit von sowohl absoluten als auch relativen Zeitangaben zeigt PEARL seine besondere Stärke. So benötigt man in der für die Programmierung eingebetteter Systeme derzeit am Weitesten verbreiteten, jedoch nicht echtzeitfähigen Sprache C mehrere Dutzend überflüssig komplizierter und semantisch intransparenter Anweisungen, um außerhalb der Ausdrucksfähigkeit der Sprache mittels Betriebssystemaufrufen die meistens auch nur durch relative Zeitangaben spezifizierte periodische Aktivierung einer Task einzuplanen, wozu in PEARL eine einzige, auch für Nichtfachleute unmittelbar verständliche und selbstdokumentierende Anweisung ausreicht.

Die Sprachversionen Basic und Full PEARL wurden nie in reiner Form realisiert. Implementierungen bewegten sich immer zwischen diesen Extremen. Die im Laufe von drei Jahrzehnten insbesondere im praktischen Einsatz gemachten Erfahrungen fanden 1998 in der Norm DIN 66253-2 ihren Niederschlag, mit der beide Versionen durch PEARL90 abgelöst wurden. Damit vollzog sich eine Entwicklung, die Biedenkopf mit dem Satz „Fortschritt ist der Weg vom Primitiven über das Komplizierte zum Einfachen." charakterisierte [1]. Hierbei ist in

Tabelle 1. Zeittafel zur Entwicklung von Programmiersprachen

Jahr	Programmiersprache	Entwickler	Beeinflusst von
1957	Fortran	Backus	A-2
1958	Algol 58	ACM/GAMM-Mitglieder	–
1958	Fortran II	IBM	Fortran
1960	Algol 60	Backus, Naur	Algol 58
1964	PL/I	IBM	Fortran, Algol 60
1965	Fortran IV	IBM/Fortran Working Group	Fortran II
1966	Algol W	Wirth	Algol 60
1966	Fortran 66	ANSI-Mitglieder	Fortran IV
1968	Algol 68	van Wijngaarden, Koster et al.	Algol 60
1970	PEARL	AEG, BBC, Siemens, GfK Karlsruhe	Algol 60, PL/I
1971	Pascal	Wirth, Jensen	Algol 58
1972	C	Ritchie	B, BCPL, Algol 60
1977	Basic PEARL	PEARL-Verein	PEARL
1978	Fortran 77	ANSI-Mitglieder	Fortran IV
1978	Modula-2	Wirth	Pascal
1980	Ada	Ichbiah, Honeywell Bull	–
1982	Full PEARL	PEARL-Verein	Basic PEARL
1983	C++	Stroustrup	C, Simula 67, Algol 68
1983	Ada 83	DoD/ANSI-Mitglieder	Ada
1988	Oberon	Wirth	Modula-2
1989	ANSI C (C89)	ANSI-Mitglieder	C, Algol 68
1989	Mehrrechner-PEARL	Steusloff	Bsic, Full PEARL
1991	Fortran 90	ANSI-Mitglieder	Fortran 77
1995	Ada 95	ISO/ANSI-Mitglieder	Ada 83
1997	Fortran 95	ISO/Fortran Working Group	Fortran 90
1998	ISO C++ 98	ISO Working Group	C++
1998	PEARL90	GI/GMA/ITG FA Echtzeitsysteme	Full PEARL
1999	ISO C 99	ISO Working Group	ISO C 95
2003	ISO C++ 2003	ISO Working Group	ISO C++ 98
2004	Fortran 2003	ISO/Fortran Working Group	Fortran 95
2007	Ada 2005	Ada Rapporteur Group	Ada 95
2011	ISO C++ 2011	ISO Working Group	ISO C++ 2003
2012	OpenPEARL	GI/GMA/ITG FA Echtzeitsysteme	PEARL90
2017	ISO C++ 2017	ISO Working Group	ISO C++ 2011
2018	SafePEARL	GI/GMA/ITG FA Echtzeitsysteme	PEARL90 und OpenPEARL

Assembler-Sprachen und Fortran das Primitive, in Algol 68 und Full PEARL das Komplizierte und in PEARL90 und dann SafePEARL das Einfache zu sehen.

Die Entwicklungsgeschichte von PEARL ist auch ein gutes Beispiel dafür, dass es keinesfalls leicht ist, zu einfachen Entwürfen zu gelangen – ganz im Gegenteil, denn, wie Biedenkopf [1] ebenfalls aufzeigt, „sind einfache Problemlösungen die schwierigsten: Sie verlangen hohe Innovationsleistungen und vollständige geistige Durchdringung der Sachverhalte." Beim derzeitigen Stand der Technik ist Einfachheit eine Grundvoraussetzung, um den Lizenzierungsinstitutionen die formelle Abnahme rechnergestützter Systeme für sicherheitsgerichtete Automatisierungsaufgaben zu ermöglichen.

2   SafePEARL

Leitmotiv der Neuformulierung der Norm DIN 66253 [3, 9] war das Bestreben, größtmögliche Korrektheit, Konsistenz und Genauigkeit der Darstellung bei geringstmöglichem Umfang zu erreichen. Aus diesem Grunde wurden die vier den Sicherheitsintegritätsstufen nach IEC 61508 zugeordneten Teilsprachen nicht einzeln beschrieben, sondern in Kapitel 5 der Norm durch eine Tabelle definiert, welche die auf den Sicherheitsstufen SIL 1 bis SIL 4 jeweils erlaubten Konstrukte angibt. Die Kapitel 6 bis 12 legen dann die Grundsprache zur Formulierung von für Einprozessorplattformen formulierten Automatisierungsanwendungen fest, während die Kapitel 13 und 14 die Sprachkonstrukte der weltweit bisher einzigen Norm (DIN 66253 Teil 3 „Mehrrechner-PEARL") einführen, die die Programmierung verteilter Systeme ermöglichen.

Die gemäß Abb. 1 ineinander geschachtelten Sprachteilmengen für jede der Sicherheitsanforderungsklassen SIL1 bis SIL4 nach DIN EN 61508 (VDE 0803) werden in Tabelle 2 dergestalt gebildet, dass die Verwendung weniger sicherer Sprachkonstrukte ausgehend von Anwendungen ohne Sicherheitsrelevanz („SIL0") mit steigendem Sicherheitsintegritätsniveau zunehmend restriktiver gehandhabt wird. Mit diesem Ansatz wird vermieden, für jede Sicherheitsstufe eine neue

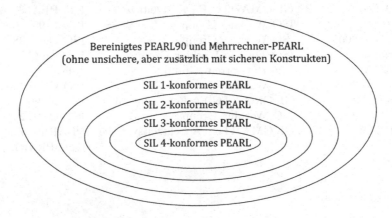

Abb. 1. Teilmengen der Echtzeitprogrammiersprache PEARL

Tabelle 2. Definition sicherheitsgerichteter Sprachteilmengen (+ zugelassen, − nicht erlaubt)

Anweisung/Klausel	SIL0	SIL1	SIL2	SIL3	SIL4
GOTO, EXIT	+	−	−	−	−
(bedingte) Ausdrücke und Zuweisungen	+	+	+	−	−
bedingte Anweisungen und Anweisungsauswahl	+	+	+	−	−
Angabe physikalischer Einheiten	+	+	+	+	+
Ursache-Wirkungstabellen	+	+	+	+	+
sequentielle Ablaufpläne	+	+	+	+	−
Synchronisierung mit SEMA- und BOLT-Variablen	+	−	−	−	−
Synchronisierung mit LOCK und TIMEOUT-Klausel	+	+	+	−	−
Verwendung interner Signale	+	+	+	−	−
Verwendung von Unterbrechungssignalen	+	+	+	−	−
Verwendung von Tasks	+	+	+	−	−
mit Prioritäten	+	+	−	−	−
mit Fristenangaben und Zeitüberwachung	+	+	+	−	−
(Funktions-) Prozeduraufrufe	+	+	+	+	−
Wiederholungen	+	+	−	−	−
mit MAXLOOP-Klausel	+	+	+	−	−
Verwendung von Zeigern und Referenzen	+	−	−	−	−
PUT/GET, WRITE/READ, CONVERT	+	+	+	−	−
TAKE/SEND	+	+	+	+	+
verteilte Systeme	+	+	+	+	+
dynamische Rekonfiguration	+	+	+	+	−
Botschaftenaustausch	+	+	+	−	−

Sprache lernen zu müssen, und Übersetzern wird zu prüfen ermöglicht, ob Programme vorgegebene Sicherheitsauflagen erfüllen. Das Prinzip, Teilmengen einer Sprache für kritische Anwendungen zu definieren, gestattet es, Programme nach bestimmten Sicherheitsanforderungen zu entwickeln und Code für sicherheitskritische und -unkritische Systemteile nahtlos miteinander zu verbinden. Je sicherheitskritischer ein System ist, desto restriktivere Methoden sind einzusetzen.

In Automatisierungsprogrammen haben viele Variablen physikalische Bedeutungen. Bei Programmierung in herkömmlichen Sprachen sind ihre numerischen Werte mit den entsprechenden physikalischen Dimensionen allein in der Vorstellung der Programmierer verbunden. In verschiedenen Programmkomponenten nicht zueinander passende Einheiten stellen eine bedeutende Fehlerquelle dar, die schon zu Raketenabstürzen und dem Verlust von Satelliten geführt hat. Deshalb werden in SafePEARL Annotationen bereitgestellt, aus denen Übersetzer zwar keinen ausführbaren Code generieren, mit denen sie jedoch den korrekten Gebrauch physikalischer Dimensionen überprüfen können.

Das Problem nicht terminierender Wiederholungen wird mittels der Klausel MAXLOOP gelöst. Wenn die Anzahl von Schliefenwiederholungen die darin festgelegte Grenze überschreitet, wird die Schleifenausführung beendet und die nach dem Schlüsselwort EXCEEDING spezifizierte Anweisungskette ausgeführt, bevor der Kontrollfluss auf die erste Anweisung nach der Schleife übergeht.

Um sicheren Zugriff auf Betriebsmittel und die zeitliche Überwachung von
Synchronisierungsoperationen zu gewährleisten sowie ihre Freigabe nach Verwendung zu erzwingen, wird die LOCK-Anweisung eingeführt. Ein dieses Kon-
strukt ausführender Prozess wartet solange, bis alle aufgelisteten Objekte in
der angegebenen Weise belegt werden können. Durch die Bereitstellung der op-
tionalen Wartezeitklausel kann die Wartezeit begrenzt werden. Lässt sich die
Verriegelung nicht in der angegebenen Zeitspanne ausführen, so erfolgt eine
vordefinierte Fehlerbehandlung. Nach erfolgreicher Verriegelung wird der kritische Anweisungsblock bearbeitet. Bei Beenden des Konstrukts werden die entsprechenden Freigaben durchgeführt. Vorzeitige Freigaben können mittels der
UNLOCK-Anweisung veranlasst werden. Die optionale Ausführungszeitklausel
begrenzt die Zeit, während derer ein Prozess in einer kritischen Region verweilen
darf. Ihre Überschreitung wird als Systemausnahme behandelt.

Steuerungen von Prozessen werden häufig als Abfolgen von Schritten festgelegt, die nacheinander ausgeführt werden sollen. Um solche Ablaufsteuerungen
zu beschreiben, definiert die Norm IEC 61131-3 die spezielle, unter Programmiersprachen einzigartige Ablaufplansprache zur Partitionierung von Programmor-
ganisationseinheiten, d. h. Programmen und Funktionsblöcken, in Schritte und
deren Verbindung entlang gerichteter Kanten mittels Transitionen. Mit jedem
Schritt ist eine Menge von Aktionen und mit jeder Transition eine Übergangsbe-
dingung assoziiert. Deshalb wurden in SafePEARL zusätzliche Sprachkonstrukte
zur Formulierung sequentieller Ablaufsteuerungen definiert, die aus Sicherheits-
gründen jedoch die Möglichkeit paralleler Abläufe und von Ablaufzyklen explizit ausschließen. Abb. 2 zeigt den graphischen und textuellen Ablaufplan einer
Steuerung, gemäß derer ein Behälter auf Anforderung durch ein Tastsignal hin
befüllt, sein Inhalt erhitzt und dann entleert werden soll.

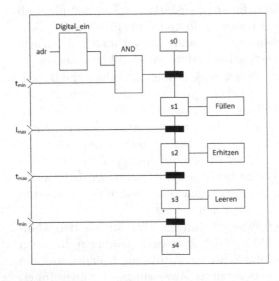

```
SEQUENCE
STEP ENDSTEP;
TRANSITION Digital_ein(adr)
     AND Temperatur LE tmin;
STEP Call Fuellen ENDSTEP;
TRANSITION Fuellstand GE lmax;
STEP Call Erhitzen ENDSTEP;
TRANSITION Temperatur GE tmax;
STEP Call Leeren ENDSTEP;
TRANSITION Fuellstand LE lmin;
STEP ENDSTEP;
ENDSEQ;
```

Abb. 2. Ablaufplan einer Behältersteuerung

Ein für die höchste Sicherheitsintegritätsstufe SIL4 geeignetes Programmier-
paradigma ist in der Konstruktion von Schutzsystemen bereits lange und gut
eingeführt. Damit erstellte Software ist – trotz exakter und unzweideutiger Dar-
stellungsweise – so leicht nachvollziehbar, anschaulich und allgemeinverständlich,
dass sie höchsten Ansprüchen an die Vertrauenswürdigkeit genügender Verifikation durch breitestmöglichen sozialen Konsens unmittelbar zugänglich ist. Software für Schutzsysteme wird in Form ausgefüllter, Ursache-Wirkungstabellen
genannter Entscheidungstabellen dargestellt. Ihre Zeilen sind mit Ereignissen assoziiert, deren Auftreten logische Vorbedingungen bewirken. Durch Markierung
in einer bestimmten, mit einer Aktion assoziierten Spalte solch einer Tabelle
werden Vorbedingungen ausgewählt, die alle gemeinsam erfüllt sein müssen, um
die Ausführung der Aktion anzustoßen. Umgeben von einer speziellen Form des
Modulkonstrukts, in dem die benötigten Prozesseingänge und Stellgliedausgänge
spezifiziert werden, bildet das in SafePEARL neu eingeführte Sprachmittel CE-
TABLE Ursache-Wirkungstabellen textuell in Form logischer Bedingungen ab.
Als Beispiel dafür zeigt Abb. 3 die Steuerung des Auslassventils eines Kessels,
das abhängig von Druck und Temperatur darin sowie der Füllhöhe der im Kessel
befindlichen Flüssigkeit geöffnet bzw. geschlossen werden soll.

3 OpenPEARL

Im Rahmen der Tagung *Echtzeit 2012 – Kommunikation unter Echtzeitbedingungen* wurde der Arbeitskreis OpenPEARL als Reaktion auf die eingeschränk-
te Verfügbarkeit des bis dahin verwendeten Compilers der Firma Werum gegründet, welcher lange Zeit eine gute Basis für die Ausbildung an Hochschu-
len gewesen war. Ursprünglich hatte Werum die Linux-Version des Compilers
für nicht-kommerzielle Zwecke freigegeben. Die rasante Entwicklung im Linux-
Bereich führte jedoch immer wieder zu Problemen im Laufzeitsystem. Dadurch
waren nur ältere Linux-Distributionen verwendbar. Die Initiatoren des Arbeits-
kreises sehen in PEARL eine ausgezeichnete Programmiersprache gerade für die
Ausbildung. Voraussetzung ist jedoch ein für Studierende einfach zugänglicher
Übersetzer. Damit war die Idee geboren, einen OpenPEARL genannten Übersetzer mit zugehörigem Laufzeitsystem unter einer Open Source-Lizenz für Ausbil-
dungszwecke bereitzustellen. Mit der Einschränkung auf den Ausbildungsbereich
wird unter anderem ein Haftungsausschluss erreicht.

3.1 Vergleich von OpenPEARL mit PEARL90

OpenPEARL basiert weitgehend auf dem PEARL90-Sprachreport, der während
der Entwickung an einigen Stellen präzisiert wurde. Dabei wurden folgende Änderungen [5–8] vorgenommen:

– Fehlerhafte Systemzustände wie bspw. der Überlauf einer FIXED-Variablen
  werden konsequent mittels Signalen zum Laufzeitsystem weitergeleitet.
– Die Neudefinition von Operatoren mittels OPERATOR ist nicht mehr möglich.

```
MODULE(Ursache_Wirkungstabelle) SAFEGUARD SIL4;
SYSTEM;
SPECIFY Drucksensor, Fuellhoehe, Thermoelement DATION IN SYSTEM BASIC;
SPECIFY Ventil DATION OUT SYSTEM BASIC;
PROBLEM;
CETABLE Kessel;
DECLARE Druck, Fuellhoehe, Temperatur FIXED;
TAKE Druck       FROM Drucksensor;
TAKE Fuellhoehe FROM Fuellstand;
TAKE Temperatur FROM Thermoelement;
CAUSE Druck LE 5 AND Fuellhoehe LE 85 AND Temperatur LE 44
           EFFECT SEND '0'B1 TO Ventil ;
CAUSE Druck LE 5 AND Fuellhoehe LE 85 AND Temperatur GT 44
        EFFECT SEND '0'B1 TO Ventil ;
CAUSE Druck LE 5 AND Fuellhoehe GT 85 AND Temperatur LE 44
        EFFECT SEND '1'B1 TO Ventil ;
CAUSE Druck LE 5 AND Fuellhoehe GT 85 AND Temperatur GT 44
        EFFECT SEND '0'B1 TO Ventil ;
CAUSE Druck GT 5 AND Fuellhoehe LE 85 AND Temperatur LE 44
        EFFECT SEND '0'B1 TO Ventil ;
CAUSE Druck GT 5 AND Fuellhoehe LE 85 AND Temperatur GT 44
        EFFECT SEND '1'B1 TO Ventil ;
CAUSE Druck GT 5 AND Fuellhoehe GT 85 AND Temperatur LE 44
        EFFECT SEND '1'B1 TO Ventil ;
CAUSE Druck GT 5 AND Fuellhoehe GT 85 AND Temperatur GT 44
        EFFECT SEND '1'B1 TO Ventil ;
END Kessel;
MODEND Ursache_Wirkungstabelle;
```

Abb. 3. Textuelle Darstellung einer Ursache-Wirkungstabelle in SafePEARL

- Der generische Datentyp VOID und die programmatische Typumwandlung unter Zuhilfenahme von BY TYPE werden nicht unterstützt.
- Verschachtelte Prozeduren sind nicht mehr zugelassen.
- Konditionale Ausdrücke in Zuweisungen sind weggefallen.
- Werte vom Datentyp BIT(n) können in Werte vom Typ FIXED(n-1) hin und her konvertiert werden.

Für den numerischen Standard-Datentyp FIXED erlaubt OpenPEARL Speichergrößen von 0 bis 63 Bits und für den Typ FLOAT die Mantissenlängen 24 oder 53 Bits im Gegensatz zu PEARL90 mit 15 bzw. 24 Bits.

3.2 Architektur

Abb. 4 zeigt die Struktur des OpenPEARL-Übersetzers. PEARL-Quellcode wird eingelesen und mittels der lexikalischen Analyse in einen Tokenstrom umgesetzt. Darauf aufbauend erzeugt der Parser einen abstrakten Syntaxbaum. Die semantische Analyse prüft dann gemäß der Sprachdefinition bspw. die Typkonformität

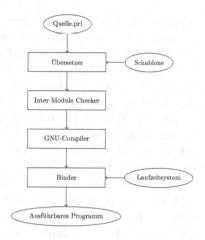

Abb. 4. Architektur des OpenPEARL-Übersetzers

der Argumente von Operationen. Abschließend erzeugt der Codegenerator mittels einer textuellen Schablone lesbaren Code in der Programmiersprache C++ zur Weiterverarbeitung durch den GNU-Compiler g++. Dieser generiert für die Zielplattform passende Objektdateien, die nachfolgend zusammen mit dem Laufzeitsystem zu einem ausführbaren Programm gebunden werden.

Die Verwendung des GNU-Compilers garantiert einerseits hohe Portabilität und anderseits gute Codeoptimierung. Ein weiterer wesentlicher Bestandteil der OpenPEARL-Programmkollektion ist der Inter-Module-Checker zum Prüfen der Konsistenz der Modulschnittstellen. Der Übersetzer generiert hierfür Schnittstellenbeschreibungen, die vom IMC geprüft werden können. Um in C++ erzeugten Code auf einer Zielmaschine konform zur Semantik von PEARL ablaufen zu lassen, wird ein spezielles PEARL-Laufzeitsystem benötigt. Dieses stellt unter anderem Funktionen zur Task-Erzeugung, einen Task-Scheduler und Synchronisationsprimitive wie Semaphore und BOLTs zur Verfügung.

Unter der Internet-Adresse `http://sourceforge.net/projects/openpearl` sind die aktuellen Quellen und der OpenPEARL-Sprachreport frei verfügbar.

4   Zusammenfassung und Ausblick

Die hier vorgestellte neue Version von PEARL ist das Ergebnis des vom Bundeswirtschaftsministerium im Rahmen des Programms „Transfer von Forschungs- und Entwicklungsergebnissen durch Normung und Standardisierung" geförderten Projektes „Normung der Echtzeitprogrammiersprache PEARL hinsichtlich funktionaler Sicherheit". Mit seinen geschachtelten, spezifischen Teilmengen für die vier Sicherheitsintegritätsstufen wurde eine weltweit einzigartige Sprache zur Programmierung verteilter Echtzeitsysteme geschaffen, die sämtliche bekannten Sprachmittel zur Förderung funktionaler Sicherheit in sich vereinigt und sich an der menschlichen Verständnisfähigkeit orientiert. Betrachtet als sozialer Prozess zur Erreichung eines Konsenses, wird Programmverifikation durch Merkmale wie Zusammensetzung und Wiederverwendung zugelassener Komponenten, Programmierung auf der Spezifikationsebene durch Erstellen von Ursache-Wirkungstabellen und allgemein durch das Bemühen erleichtert, in allen Aspekten äußerste Einfachheit zu erreichen. Die Technischen Überwachungsvereine können in der Sprache geschriebene Software mit größerer Vertrauenswürdigkeit und vertretbarem Aufwand prüfen. Anwendung der Sprache zur Entwicklung eingebetteter Systeme verspricht sowohl das Risiko für Menschenleben, Umwelt und Anlagen als auch die Wartungskosten zu senken, weil durch die inhärent sicheren Sprachkonstrukte von vornherein weniger Fehler gemacht werden dürften.

SafePEARL sollte in allen Industrie- und Wirtschaftszweigen eingesetzt werden, für die hohe Sicherheit, Zuverlässigkeit und Echtzeitfähigkeit unabdingbar sind. Zu diesen Einsatzbereichen gehören Luft- und Raumfahrt, Automobile und Eisenbahnen, Medizintechnik, aber auch Börsenhandel und viele andere. Mittelfristig kann dies zur Nutzung von SafePEARL für hoch sicherheitskritische Anwendungen führen, wodurch dort eingesetzte Automatisierungsanlagen weniger Kosten für Entwicklung, Validierung und Wartung verursachen würden. Somit würden gleichzeitig die Sicherheit erhöht und die Kosten gesenkt.

Langsam setzt sich die Erkenntnis durch, dass bei der Initiierung des Projekts „Industrie 4.0" der Bundesregierung und der deutschen Industrie die Aspekte funktionale Sicherheit und Datenschutz völlig außer Acht gelassen worden sind und dass diese Initiative nur dann erfolgreich sein kann, wenn zunächst eine Reihe von Sicherheitsproblemen gelöst wird. Dazu könnte der Einsatz von SafePEARL einen bedeutenden Beitrag leisten.

Literaturverzeichnis

1. K. Biedenkopf: Komplexität und Kompliziertheit. *Informatik-Spektrum* 17:82–86, 1994.
2. D. Buttle: Safety und Security im Code. *ATZ elektronik* 11(5):52–55, 2016.
3. DIN 66253: *Echtzeitprogrammiersprache SafePEARL*. Berlin: Beuth-Verlag 2018.
4. A. Ghassemi: *Untersuchung der Eignung der Prozeßprogrammiersprache PEARL zur Automatisierung von Folgeprozessen*, Dissertation, Universität Stuttgart 1978.
5. R. Müller und M. Schaible: Änderungen in der Sprachdefinition in OpenPEARL in Bezug auf PEARL90 – Teil 1, *EchtZeit, Mitteilungen des GI/GMA/ITG-Fachausschusses Echtzeitsysteme*, 3:8–13, 2015.
6. R. Müller und M. Schaible: Konsistenzprüfungen in OpenPEARL, in *Internet der Dinge – Echtzeit 2016*, W.A. Halang und H. Unger (Hrsg.), S. 73–80, Reihe Informatik aktuell, Berlin-Heidelberg: Springer-Verlag 2016.
7. R. Müller und M. Schaible: Änderungen in der Sprachdefinition in OpenPEARL in Bezug auf PEARL90 – Teil 2, *EchtZeit, Mitteilungen des GI/GMA/ITG-Fachausschusses Echtzeitsysteme*, 4:8–12, 2016.
8. R. Müller und M. Schaible: Änderungen in der Sprachdefinition in OpenPEARL in Bezug auf PEARL90 – Teil 3, *EchtZeit, Mitteilungen des GI/GMA/ITG-Fachausschusses Echtzeitsysteme*, 5:3–7, 2017.
9. M. Schaible und W.A. Halang: PEARL für sicherheitsgerichtete Echtzeitprogrammierung, in *Internet der Dinge – Echtzeit 2016*, W.A. Halang und H. Unger (Hrsg.), S. 81–90, Reihe Informatik aktuell, Berlin-Heidelberg: Springer-Verlag 2016.

Funktionale Sicherheit von autonomen Transportsystemen in flexiblen I4.0 Fertigungsumgebungen

Philip Kleen[1], Janis Albrecht[1], Jürgen Jasperneite[1] und Detlev Richter[2]

[1] Fraunhofer IOSB-INA
32657 Lemgo
philip.kleen|janis.albrecht|juergen.jasperneite@iosb-ina.fraunhofer.de
[2] TÜV SÜD Product Service GmbH
80339 München
detlev.richter@tuev-sued.de

Zusammenfassung. Zur Erhöhung der Wirtschaftlichkeit und Nachhaltigkeit bei der Produktion von kleinen Losgrößen (Produktionsmargen) ist die Steigerung der Wiederverwertbarkeit von Produktionsmitteln erforderlich. Aus dieser Situation entsteht das Streben nach mehr Modularität und dynamischen Fertigungsstrukturen gegenüber heutigen starr verketteten Produktionslinien. Damit muss auch der Materialtransport dynamischer und kleinteiliger werden. Dieser Anforderung kann z. B. mit autonomen Transportsystemen begegnet werden. In diesem Beitrag wird die Maschinensicherheit bzw. funktionale Sicherheit im Zusammenhang mit flexiblen Transportsystemen betrachtet. Im Fokus steht die Absicherung, dass für sich „eigensichere" Maschinen, Produkte und Transportsysteme auch in Kombination sicher betrieben werden können. Als Lösung wurde ein Echtzeit-Safety-Management-Service vorgeschlagen und untersucht. Dieser ermöglicht eine kontinuierliche Sicherstellung der Maschinensicherheit durch eine (teil-)automatisierte Risikobeurteilung und eine Anpassung der Safety Maßnahmen.

1 Einleitung

Im Kontext der Industrie 4.0 sind Produktionen und Wertschöpfungsketten vom Ideal der flexiblen Massenfertigung geprägt. Die zunehmende Flexibilitätsanforderung von Produktionsprozessen erfordert flexible Konfigurationen von Produktionseinheiten und Transportwegen. Es entsteht eine dynamische Fertigungsumgebung, in der häufig Produktionseinheiten neu kombiniert und ergänzt werden.

Von zentraler Bedeutung ist die Adaptivität der betrieblichen Intralogistik. Veränderungen in der Produktionsumgebung erfordern häufig neue Transportwege. In Zukunft sollte der Transport dazu auch kleinteiliger organisiert sein. Eine Lösung hierfür sind fahrerlose Transportsysteme (FTS). In vielen Betrieben sind diese Systeme bereits täglich im Einsatz. Die Pfadplanungs- und Navigationsmethoden klassischer FTS setzen bekannte Abläufe und feste Routen voraus. Durch den Technologietransfer aus der mobilen Robotik tendiert die Entwicklung zu freier Mobilität und zur Möglichkeit, Manipulationsaufgaben auszuführen. Angestrebt wird ein steigender Autonomiegrad in dynamischen Umgebungen unter zunehmender Eigenkontrolle des Transportfahrzeuges.

In der SmartFactoryOWL des Fraunhofer IOSB-INA und der Hochschule Ostwestfalen-Lippe wird ein FTS als kleinteilige Transportlösung eingesetzt. Dabei kommt eine Kombination aus einem FTS, einer Arbeitsplattform und einem kollaborativen Manipulator mit einen adaptiven 3-Finger-Greifer als Endeffektor zum Einsatz, der für eine Mensch-Roboter-Kollaboration (MRK) geeignet ist (Abb. 1). Es können beliebige Produkte gegriffen und auf der Plattform platziert werden. Mit dieser Transportlösung werden USB-Stick-Gehäuse zur Weiterverarbeitung an ein modulares Montagesystem transportiert. Für die Maschinensicherheit stellt sich die Frage: *Kann eine neue Gefährdung oder erhöhtes Risiko auftreten, wenn bei der Systeminbetriebnahme unbekannte Teile beliebig zwischen Produktionseinheiten transportiert werden können?*

Diese Frage kann mithilfe von Variantenszenarien des Anwendungsfalles beantwortet werden. Die Gehäuse der USB-Sticks werden von zwei verschiedenen Produktionseinheiten gefertigt. Die eine Produktionseinheit fertigt die Gehäuse aus Kunststoff, die andere aus Magnesium. In nächsten Schritt werden die Gehäuse an weiteren Produktionseinheiten beschriftet. Die folgenden Produktionseinheiten unterscheiden sich in der Vorgabe, welche Materialien verarbeitet werden dürfen. Durch den dynamischen Transportweg zwischen Produktionseinheiten kann es ohne weitere Sicherheitsmaßnahmen passieren, dass ein nicht zulässiges Material zugeführt wird. Wird das Gehäuse aus Magnesium vom Laser der Produktionseinheit für Kunststoff bearbeitet, kann dies zu einem Brand führen. Die Frage des erhöhten Sicherheitsrisikos ist folglich mit *„Ja"* zu beantworten, es kann zu einer neuen Gefährdung und Erhöhung des Risikos kommen.

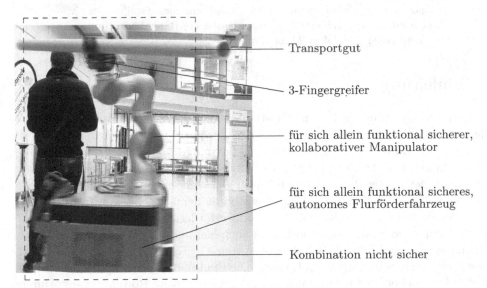

Abb. 1. FTS mit MRK und adaptivem 3-Fingergreifer in der SmartFactoryOWL

2 Maschinensicherheit in flexiblen Fertigungsumgebungen

In diesem Kapitel wird der Stand der Technik für den dynamischen Transport von Teilen in einer flexiblen Produktionsumgebung erläutert. Es wird der Aufbau eines FTS beschrieben sowie die verschiedenen Navigationsarten für einen autonomen Betrieb. Im zweiten Abschnitt werden die Lösungen mit dem Fokus auf die Maschinensicherheit erläutert. Dabei wird auf die aktuelle normative Situation eingegangen und derzeitige Lösungen für die funktionale Sicherheit vorgestellt.

2.1 Dynamischer Transport mit autonomen Transportsystemen

Ein steigender Autonomiegrad bedeutet die abnehmende Kontrolle durch den Menschen und zunehmende Selbstkontrolle durch das autonome System des fahrerlosen Transportfahrzeuges (FTF) selbst. Die Steigerung des Autonomiegrades für die FTFs in der innerbetrieblichen Logistik eröffnet eine höhere Adaptivität an Umgebungsdynamiken. Angestrebt werden die selbstständige Optimierung von Fahrwegen und die Diagnose unvorhergesehener Situationen. Vor dem Hintergrund der Kernforderungen der Industrie 4.0 ist der Grad der Autonomie von FTF vor allem von der Navigationsmethode abhängig. Der Einfluss von Navigationsmethoden und -technologien aus der mobilen Robotik bieten zusätzlich ein breiteres Spektrum der Anpassungsfähigkeit an die Anforderungen flexibler Fertigungsumgebungen.

Unterschieden wird zwischen physischen (starren) und virtuellen (freien) Methoden. Klassische starre Methoden sind physische Leitlinien. Hierbei werden durchgängige, auf oder in den Boden angebrachte Spuren zur Navigation genutzt. Die Spuren können optischer Art sein (Farbanstrich, Textilbänder) und mit einer Kamera erfasst werden, oder induktiver Art (passiv durch Magnetstreifen oder aktiv durch stromdurchflossene Leiter). Vorteile dieser Methoden sind kostengünstige Installationen und einfache Wartungen, sie erlauben jedoch nur einfache Layouts und sind äußerst unflexibel in der Anpassung der Fahrwege.

Virtuelle Leitlinien werden durch Berechnung erzeugt und erweitern den eindimensionalen geradlinigen Arbeitsraum der physischen Leitlinien. Berechnungsgrundlage zur Ableitung von Fahrzeugtrajektorien bilden interpolierte Geschwindigkeits-, Zeit- und Ausrichtungsdaten (Odometrie) in Kombination mit künstlichen Referenzmarken. Gängig eingesetzte Referenzmarken sind magnetische oder übertragende Punkt- und Rasterfolgen auf dem Boden oder lasergestützte Reflektoren an den Wänden oberhalb der Kopfhöhe. Für Outdoor-Lokalisierungen kann eine satellitengestützte globale Positionsbestimmung genutzt werden, in Innenbereichen sind lokale Positionsbestimmungsmethoden mittels Funkbaken verfügbar. Die Navigation mit virtuellen Leitlinien ist anpassungsfähiger, erfordern jedoch zumeist komplexere Steuerungen und setzen freie Fahrtwege voraus.

Freiere und flexiblere Navigation in höherer Umgebungsdynamik erfordern ein komplexeres Referenzsystem in Form von exakten Karten [9]. Diese können entweder a-priori gegeben sein, bspw. durch CAD-Daten, Building Information Model (BIM) oder manuelle Zeichnungen im digitalen Format, oder sie können vom Fahrzeug selbst durch geeignete Sensoren und Verfahren erstellt werden (Abb. 1). Auf Karten können dann genaue Lokalisierungen und optimale Pfadplanungen realisiert werden. Die Wahl des Kartentyps hängt von der Art der Sensordaten, dem Lokalisierungsverfahren und der vom Fahrzeug zu bewältigenden Aufgabe ab. Ist die Startposition des Fahrzeuges unbekannt und verfügt es nicht über eine gegebene Karte, entsteht das Problem der gleichzeitigen Lokalisierung und Kartierung: Für eine Position ist eine Karte notwendig, für eine Karte ist eine Position notwendig. In der Vermessungstechnik löst die GPS-Technologie das sogenannte SLAM-Problem präzise und zuverlässig (SLAM: simultaneous localization and mapping). Ist GPS nicht verfügbar, kommen SLAM-Verfahren zum Einsatz, die ihren Ursprung in der mobilen Robotik haben. Dabei handelt es sich um mathematische Verfahren, bei denen die Karte und der zurückgelegte Weg des Fahrzeuges anhand von natürlichen Landmarken und der ausgeführten Aktionen geschätzt wird. SLAM-Verfahren nutzen bereits wahrgenommene Landmarken zur Erkennung einer geschlossenen Schleife und korrigieren die Schätzfehler nachträglich [9]. Der aus diesen Verfahren und Methoden resultierende, freie Arbeitsraum bringt auch neue und dynamische Sicherheitsrisiken mit sich.

2.2 Auswirkung der steigenden Autonomie auf die Maschinensicherheit

Anwendungsszenarien mit veränderter Sicherheitsrelevanz ergeben sich dann, wenn sich die Umgebung bzw. der Betriebskontext verändert und ein als sicher eingestuftes Transportsystem angenommene Systemgrenzen überschreitet.

Das bereits vorgestellte autonome Transportfahrzeug ist nach zutreffenden Sicherheitsvorschriften konstruiert worden. Es transportiert ohne steuernden Eingriff oder Überwachung durch Personal ein Produkt A zur Weiterverarbeitung aus einem Lager zu zwei Produktionseinheiten. Die Be- und Entladung wird durch den Manipulator autonom ausgeführt. Sämtliche Systemparameter wie Geschwindigkeiten des Fahrzeuges, Eigenschaften des zu transportierenden Teiles oder des zu befahrenden Untergrundes sind bekannt. Zu befahrene Routen und Bereiche sind für das Fahrzeug über die virtuelle Leitlinie fest definiert. Die funktionale Sicherheit ist innerhalb der Systemgrenzen gewährleistet. Durch eine konstruktive Änderung an Produkt A wird der Produktion ein Bearbeitungsschritt hinzugefügt, indem dem Produktionssystem eine weitere Produktionseinheit hinzugefügt wird. Außerdem wird eine weitere Produktionseinheit auf der Produktionsfläche außerhalb der bisher geltenden Beschränkungen aufgebaut, zu der aus dem Materiallager ein unterschiedliches Material als bisher transportiert werden soll. Für den Transport muss der Manipulator auf dem FTS eine neue Halteposition annehmen. Durch die Erweiterung des bekannten Systems wird eine erneute Risikobewertung nach DIN EN ISO 12100 erforderlich. Bevor das Fahrzeug die neue Route befahren und das neue Material transportieren darf, muss ausgeschlossen werden, dass Fehler bei der Beladung oder der Fahrt nicht zu einem erhöhten Unfallrisiko führen.

In Abbildung 2 ist die Implementierung eines autonomen Transportsystems in der SmartFactoryOWL in Lemgo aus Sicht der mobilen Robotik dargestellt.

Auf der durch Laserscan-Daten erzeugten Umgebungskarte der Produktionsfläche ist eine manuell angelegte virtuelle Leitlinie zu sehen, auf der das Fahrzeug zuverlässig kollisionsfrei durch die Fabrik navigieren kann. Die virtuelle Leitlinie ensteht aus miteinander verbundenen Koordinatenpunkten auf der Karte. Ein Fahrauftrag wird über eine Kommunikationsschnittstelle durch die Übertragung von beliebigen Start- und Zielkoordinaten im kartesischen Referenzsystem durch Mensch oder Maschine ausgelöst. Die Navigation zu einer beliebigen Koordinate erfolgt durch die Ermittlung der nächsten Koordinatenpunkte der virtuellen Leitlinie zwischen der aktuellen Position und der Zielposition, sowie der algorithmischen Pfadplanung auf der virtuellen Leitlinie. Um die Zielposition anzufahren, wird die Leitlinie am naheliegendsten Koordinatenpunkt verlassen.

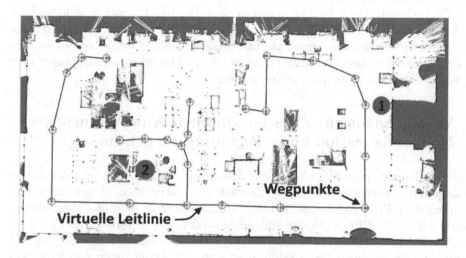

Abb. 2. Kartierte Produktionsfläche der SmartFactoryOWL mit der FTF-Sensorik aus Sicht der mobilen Robotik; 1) Additive Fertigung; 2) Modulares Montagesystem

2.3 Maschinensicherheit in dynamischen Transportsystemen

Die Sicherheit zum Schutz von Mensch, Maschine und Umwelt soll zunächst für ein FTS betrachtet werden, die Fahrzeugsicherheit. In der Norm DIN EN ISO 3691-4 [2] und die zutreffenden VDI-Richtlinien z. B. die 2510 Blatt 2 [3] betrachten vorwiegend die Eigensicherheit des Fahrzeugs und die Kollision mit einem Menschen bzw. Gegenstand sowie allgemeine Anforderungen. Die daraus resultierenden Anforderungen an die Sicherheitstechnik sind mit Kauf eines fertigen FTS in der Regel erfüllt und müssen bei der Inbetriebnahme konfiguriert werden. Dabei sind die Anwendungsfall spezifischen Normen zu berücksichtigen. Dies kann z. B. die Fahrgeschwindigkeit und -beschleunigung sein, sowie die Größe der Sicherheitszonen um das Fahrzeug herum.

Als nächste Komponente wird der kollaborative Roboter betrachtet, der zur Mensch-Roboter-Kollaboration (MRK) eingesetzt wird. Diese Komponente erfüllt die zutreffenden Normen und Richtlinien, z. B. die ISO TS 15066 für Kollaborationsarten. Im VDMA-Positionspapier ist die Risikobewertung für den jeweiligen Einsatz von Bedeutung [4]. Die daraus resultierenden Sicherheitsmaßnahmen für eine Kollaboration erfordern die Begrenzung von Kräften und Verfahrwegen. Diese müssen bei der Inbetriebnahme spezifisch für den Prozess konfiguriert werden und sind abhängig von dem Endeffektor (Werkzeug/Greifer) am Roboter. Der Einsatz in der Intralogistik erfordert eine möglichst flexible Aufnahme von Teilen. Dies kann beispielsweise durch einen 3-Finger-Greifer realisiert werden. Bei der Konfiguration der Sicherheitsmaßnahmen ist u. a. die Kombination zwischen den verschiedenen zu transportierenden Teilen und der Größe des Sicherheitsbereiches zu berücksichtigen.

Für die Kombination dieser beiden Komponenten kann die spezifische Norm DIN EN ISO 3691 Teil 4 herangezogen werden. Für den Einsatz in dem nachfolgenden Kapitel 3 beschriebenen Anwendungsfall gibt es keinen spezifischen Standard und muss nach allgemeinen Gestaltungsgrundsätzen betrieben werden. Es ist sicherzustellen, dass das aufgenommene Teil während des Transportes oder am Ablageort nicht zu neuen Gefahren führt.

3   Verallgemeinerung des spezifischen Anwendungsfalls – Neukonfiguration einer Fertigungsumgebung

In diesem Kapitel wird ausführlich auf den Anwendungsfall und die damit verbundene Herausforderung, die Maschinensicherheit zu erfüllen, eingegangen. Weiterhin wird ein Produktionssystem betrachtet, welches die Anforderungen der Industrie 4.0 (DIN SPEC 91345) erfüllt. Insbesondere die Anforderungen an mehr Flexibilität und Rekonfigurierbarkeit sollen dadurch erfüllt werden. Die dadurch kleinteiliger organisierte Produktion passt sich den Änderungen von Produktionsanforderungen dynamisch an. Das Ziel ist es, anhand des nachfolgenden verallgemeinerten Anwendungsfalls, welcher auf ein derartiges Produktionssystems basiert, die Herausforderungen an die Maschinensicherheit aufzuzeigen.

Das hier betrachtete Produktionssystem besteht aus drei zusammenwirkenden Produktionseinheiten, um das Produkt A herzustellen. Der Zusammenschluss in Form eines Teiletransports erfolgt über die bereits vorgestellte FTS-MRK-Kombination. Es entsteht eine Gesamtheit von Maschinen, deren sicherheitsrelevante Eigenschaften zueinander überprüft wurden. Der sichere Betrieb wurde festgestellt. Als nächstes ändern sich die Produktionsanforderungen, das Produktionssystem wird um zwei neue Produktionseinheiten erweitert: Eine geleaste Produktionseinheit zur Personalisierung der Produkte, eine weitere Montageeinheit in Form eines Handarbeitsplatzes zur Fertigung der Produktvarianten B und C, sowie eine neue Konfiguration der Verpackungseinheit auf die neuen Produkte. In einer übergeordneten Produktionssteuerung, z. B. ein ERP-System, werden alle Assets der Fertigungshalle ausgewertet und in den Produktionsablauf eingebunden. Das FTS erhält Fahraufträge mit neuen Koordinaten und muss somit die „sichere" Strecke verlassen. Das Produktionssystem kann nun die Produktvarianten B und C fertigen sowie eine Personalisierung der Produkte vornehmen.

3.1 Ableitung von Anforderungen und Darstellung der Forschungsfrage

Eine Frage, die vor dem Betrieb der neuen Konfiguration des Produktionssystems beantwortet werden muss: Kann das Produktionssystem noch sicher betrieben werden? Diese Frage kann nach dem aktuellen Stand der Technik nicht zuverlässig von der Produktionssteuerung beantwortet werden. Eine manuelle Expertenbewertung ist notwendig. Dies schließt auch die evtl. notwendigen Änderungen an risikomindernden Maßnahmen ein.

Zur Feststellung des sicheren Betriebs muss erneut eine Gefahren- und Risikoanalyse von einem Sicherheitsbeauftragten durchgeführt werden. In diesen Anwendungsfall besteht die Produktvariante C aus einem anderem Material, welches von der Produktionseinheit zur Personalisierung nicht bearbeitet werden darf. Die Produktvariante B ist deutlich länger, dies hat zur Folge, dass die Sicherheitsabstände zum fahrenden FTS und die sichere Halteposition des Greifers angepasst werden müssen. Der Manipulator tritt an der neuen Montageeinheit, welche ein Handarbeitsplatz ist, in Interaktion mit dem Werker. Der kollaborative Betrieb muss sichergestellt sein. Desweiteren werden von der Verpackungseinheit weitere Positionen angefahren, die gesichert werden müssen. Aus der Risikoanalyse entsteht die Anforderung, sicherzustellen, dass die Produktvariante C nicht zur Personalisierung transportiert wird. Wird das Produkt B transportiert, so ist eine Anpassung der Sicherheitsparameter am FTS notwendig.

Über fest vorgegebene Fahrwege kann ein korrekter und sicherer Transport stattfinden, jedoch muss dies bei jeder Änderung im Produktionssystem wieder manuell angepasst werden. Die Folge ist eine weitere Einschränkung in der Dynamik bei neuen Produktionsanforderungen. Zum anderen muss die FTS-MRK-Einheit sicherheitsrelevant das zu transportierende Teil identifizieren, da für Produkt C andere Start-Ziel-Kombinationen zulässig sind als für die Produkte A und B. Auch hier wäre es möglich, über eine entsprechende Sensorik am Greifer oder in den Produktionseinheiten die Bearbeitung nicht zulässiger Produkte zu verhindern. Ändern sich die Produktionsanforderungen, so muss ggf. manuell durch den Maschineneinrichter (Werker) auch die Sensorik angepasst werden. Es kommt erneut zu einer weiteren Einschränkung in der Dynamik zur Anpassung an die neuen Produktionsanforderungen.

Abschließend bleibt die Erkenntnis, dass mit heutigen Technologien der funktionalen Sicherheit zukünftige I4.0 Produktionssysteme in ihren Vorteilen eingeschränkt werden. Das liegt darin, dass es keinen dynamischen funktional sicheren Automatismus gibt, der neue Gefahrenpotenziale erkennt und eine Rückkopplung auf die Parametrierung vorhandener Sicherheitsparameter besitzt.

4 Lösungskonzept zur automatischen Überprüfung der Maschinensicherheit

Im Lösungskonzept wird eine automatische und dynamische Prüfung der Maschinensicherheit vorgestellt. Neue Konfigurationen von Fertigungseinheiten, Produkten und Transportsystemen werden auf Basis einer sicheren Semantik analysiert.

4.1 Integration vorhandener Ansätze

Zur Lösung der Herausforderungen wird nachfolgend ein semantischer Ansatz vorgestellt. Davon ausgehend, dass in der digitalen I4.0 Fabrik jedes Asset eine Verwaltungsschale besitzt [5], sollte diese über eine Beschreibung der physischen Eigenschaften verfügen. Über die Struktur und Zusammensetzung der Verwaltungsschale wurden bereits Aussagen gemacht, z. B. in [5, S. 5]. Ein Teilmodell ist der funktionalen Sicherheit (Safety) zugeordnet worden. Dieses soll im Lösungskonzept genauer beleuchtet werden. Nach dem Positionspapier der Plattform I4.0 [5] sind in diesem Teilmodell z. B. die Normen EN ISO 13849 und EN IEC 61508 zu berücksichtigen. Beide Standards setzen eine Risikobeurteilung voraus. Das bedeutet, über die Verwaltungsschale müssen die notwendigen Merkmale beschrieben werden. Anhand der DIN EN ISO 12100, dem technischen Bericht DIN SPEC 33885 und der Empfehlung vom Bundesministerium für Arbeit und Soziales (BMAS) [1] können Merkmale gefunden werden, die für die Übertragung oder Entstehung von Gefahren betrachtet werden sollten. Bezogen auf den flexiblen Teiletransport mit einer FTS-MRK-Kombination sind Merkmale wie Abmessungen, Material und Gewicht des Produkts wichtig. Weiter ist die sichere Feststellung der Positionen des FTS und Greifers wichtig. Ist die FTS-MRK-Kombination an eine Produktionseinheit herangefahren, so muss nach VDI-Richtlinie 2510 Blatt 3 das FTS in den Not-Halt-Kreis eingebunden werden. Das hat zur Folge, dass gemeinsame Sicherheitsfunktionen entstehen müssen und Merkmale wie Verunreinigung der Umwelt (Späne, Öl), Sicherheitsintegritätslevel (SIL), Performance Level (PL) und Wahrscheinlichkeit des gefahrbringenden Versagens pro Stunde (PFH) für den aktuellen Verbund von Maschinen betrachtet werden müssen. Die Merkmale können ohne oder auch mit Wert-Zuweisungen beschrieben werden. Wobei „Merkmale ohne Werte-Zuweisung ,Merkmals-Typen', Merkmale mit Werte-Zuweisungen ,Merkmals-Instanzen' darstellen. Dabei können auch Funktionen ein Merkmal darstellen" [5]. Die Bereitstellung der Merkmale erfolgt innerhalb der Industrie-4.0-Komponente mithilfe des OPC UA-Frameworks.

4.2 Modellierung der sicherheitsrelevanten Informationen

Die Bewertung der Merkmale erfolgt mit einem so genannten Echtzeit-Safety-Management-Service. Es besteht aus einem OPC UA-Client, der sich auf alle Assets im Produktionssystem verbinden kann und die Merkmale zur Bewertung bündelt. Die erhaltenden Informationen können über Big-Data-Technologien plausibilisiert und verifiziert werden. Zur Bewertung müssen in dem System Regeln über gültige Kombinationen von Merkmalen festgelegt werden. Es werden positive gültige Kombinationen von einzelnen Merkmalen hinterlegt. Bei Erfüllung kann davon ausgegangen werden, dass keine erhöhte Gefahr von dieser Kombination ausgeht. Die Sicherheitsanforderungen und -garantien zwischen dem

FTS und der Produktionseinheit werden, unter Berücksichtigung des zu transportierenden Teils, gegenseitig erfüllt. In einem ersten Schritt ist das „Wissen" der Safety-Experten in dem System zu bündeln. Dieses kann bei der Zusammenstellung von Produktionseinheiten, Produkten und Transportrouten und der daraus notwendigen Risikobewertung als Assistent eingesetzt werden. Basierend auf einer automatischen Erstellung der notwendigen Dokumentation kann die Inbetriebnahme verkürzt werden. In einem weiteren Schritt können die Anforderungen an das FTS zurückgeben werden, z. B. den notwendigen Sicherheitsabstand als Konfiguration. Das Echzeit-Safety-Management-Service veranlasst und dokumentiert die Anpassung der Sicherheitskonfiguration.

Der Echtzeit-Safety-Management-Service stellt eine fortlaufende Überprüfungsroutine bereit. Diese wird benötigt, um sicherheitsrelevante Produktionsschritte kontinuierlich zu überwachen und freizugeben. Das zu bearbeitende Asset wird identifiziert, die verknüpften Daten abgerufen und mit den Daten der Produktionsmodule abgeglichen. Der nächste Produktionsschritt, wie z. B. gültige Fahraufträge für das FTS werden generiert und zum FTS zurückgegeben. Kann vom Service die Sicherheit nicht mehr gewährleistet werden, dann ist es zu einer neuen Gefährdung oder Erhöung des Risikos gekommen. Folglich müssen risikomindernde Maßnahmen in der normativ gegeben Priorität (konstruktiv, elektronisch, Benutzerinformation) umgesetzt werden. Muss eine Sicherheitsfunktion geändert werden, kann der Service die Änderung veranlassen [11]. Dieser Service stellt hohe Anforderungen an die Übertragungsgeschwindigkeit sowie an den Service selbst. Das Warten auf die Freigabe kann den Produktionsprozess verlangsamen. Sicherheitskritische Entscheidungen müssen im Einzelfall innerhalb der Prozesssicherheitszeit getroffen werden können.

Die benötigte Software zur Bewertung zeigt Parallelen zu bereits existierenden Ansätzen wie z. B. „Assisted Design for Automation Systems (AD4AS)" [6]. Darüber hinaus gibt es noch weitere Ansätze für wissensbasierte Expertensysteme [7, 8]. Die vorhandenen Technologien können mit Anpassungen zur Bewertung der Safety-Merkmale der Produktionseinheiten genutzt werden. Das Wissen des Safety-Experten kann in entsprechende Regeln formalisiert werden. Die manuelle Vorgehensweise einer Risikobewertung hat sich durch die zwei Schritte, maschinenlesbare Beschreibung von Safety-Merkmalen und der Formalisierung des Expertenwissens, zu einen (teil-)automatisierten Verfahren verändert.

5 Bewertung des Echtzeit-Safety-Management-Services

In diesem Kapitel wird überprüft, ob das Lösungskonzept die Herausforderungen und Limitierungen aus Kapitel 3 löst.

Die größte Herausforderung bei der Umsetzung des Lösungskonzepts ist es, die Voraussetzungen zu erfüllen. Alle am Produktionsprozess beteiligten Gegenstände (Assets) müssen über eine einheitliche Verwaltungsschale verfügen. In verschiedenen Gremien zur Verwaltungsschale wurde die funktionale Sicherheit bereits als Bestandteil mit aufgeführt. Ist dies erfüllt, kann das Safety Management System aus dem Lösungskonzept bei immer wiederkehrenden Sicherheitsbetrachtungen unterstützten, bis hin zur automatischen Echtzeit-Sicherheitsbetrachtung vor dem erneuten Betrieb. Dadurch wird es ermöglicht, das Produktionssystem sicherheitsgerichtet flexibel an neue Produktionsanforderungen anzupassen.

Über die fortlaufende Überprüfungsroutine wird es zusätzlich ermöglicht, während des Produktionsprozesses, dynamisch die Sicherheitsparameter für Assets anzupassen

Bei der Entwicklung der Industrie 4.0 Komponente und ihrer Einsatzgebiete sollte die funktionale Sicherheit mit berücksichtigt werden [10]. Wie das Lösungskonzept zeigt, kann mit der Bündelung aller Informationen und deren maschinellen Auswertbarkeit das heutige manuelle Vorgehen bei der Maschinensicherheit vereinfacht bzw. automatisiert werden. Dies ermöglicht den Betrieb von Industrie 4.0 tauglichen Produktionssystemen, ohne dass es dabei zu Einschränkungen durch die funktionale Sicherheit kommt. Die Betriebssicherheit ist somit ein zentrales Erfolgselement der Industrie 4.0.

Literaturverzeichnis

1. Bundesministerium für Wirtschaft und Energie: IT-Sicherheit für die Industrie: Produktion, Produkte, Dienste von morgen im Zeichen globalisierter Wertschöpfungsketten: Abschlussbericht – Kurzfassung, 2016
2. Deutsche Industrie Norm: Sicherheitstechnische Anforderungen und Verifizierung - Teil 4: Fahrerlose Flurförderzeuge und ihre Systeme (DIN EN ISO 3691-4), 2018
3. VDI-Gesellschaft Produktion und Logistik: Fahrerlose Transportsysteme (FTS): Sicherheit von FTS (VDI 2510 Blatt 2), 2013
4. VDMA Robotik + Automation: Sicherheit bei der Mensch-Roboter-Kollaboration: VDMA-Positionspapier, 2016
5. Bundesministerium für Wirtschaft und Energie: Beziehungen zwischen I4.0-Komponenten – Verbundkomponenten und intelligente Produktion: Fortentwicklung des Referenzmodells für die Industrie 4.0-Komponente SG Modelle und Standards – Ergebnispapier, 2017
6. Moriz, Natalia; Böttcher, Björn; u.a.: Assisted design for automation systems – From formal requirements to final designs, 2014, https://doi.org/10.1109/ETFA.2014.7005288 (abgerufen am 21.06.2018)
7. Fleischer, Christoph; Wittmann, Juri; u.a.: Sicherheitstechnische Aspekte bei Planung und Bau modularer Produktionsanlagen, 2015, https://doi.org/10.1002/cite.201400188 (aufgerufen am 21.06.18)
8. Tebbe, C.; Dittgen, J.; u.a.: Wissensbasierte Sicherheitsanalyse in der Automation, 2015 in atp edtion Automatisungstechnische Praxis, Jahrgang 57, Heft 4, S. 56–66
9. Bubeck, Alexander; Gruhler, Matthias; u.a.: Vom fahrerlosen Transportsystem zur intelligenten mobilen Automatisierungsplattform, 2017
10. Richter, Detlev Dr.: Sicherheit von vernetzten, modularen Industrieanlagen erfordert eine dynamische Sicherheitsarchitektur 4.0 (Safety & Security), automatica 2018
11. Popper, Jens; Blügel, Marius; u.a.: Safety an modularen Maschinen – Whitepaper SF-3.1:04/2018, smartFactoryKL, 2018

Secure Real-time Communication

Dimitrios Savvidis and Dietmar Tutsch

Chair of Automation / Computer Science
University of Wuppertal
42119 Wuppertal, Germany
{savvidis|tutsch}@uni-wuppertal.de

Abstract. This concept paper shows some requirements and ideas to realize a secure real-time communication with encryption for industrial plants. At the start we show the reasons for secure real-time communication. Then we will discuss three options to realize and upgrade existing protocols, to implement new protocols and to expand an existing real-time protocol with a FPGA. Then one of these three options will be elaborated more deeply. Finally some remarks for real-time protocols and the key infrastructure will be discussed and the future work and the proceed for realization will be described.

1 Introduction

This work in progress deals with modern industrial plants where automatized and cross-linked workflows are used more and more frequently. For a fluent processing, a real-time communication is often necessary. For this real-time communication special real-time network will be deployed to transfer and process data in a pre-defined time slot. Some of the real-time networks are based on Ethernet, called "Industrial Ethernet" (like ProfiNet [1], EtherNet/IP [2] or EtherCAT [3]). This real-time Ethernet can be incorporated in an existing Ethernet infrastructure with adapted components like real-time switches, real-time routers or real-time network-cards.

In order to realize the real-time capability some features like the security have been neglected. However the security is indispensable nowadays, particularly in industrial networks. With different procedures and research ideas we are testing how to realize a secure real-time network with end-to-end encryption for today's standards and challenges in automatized industrial plants. Currently, the security measures are realized by segmentation of the manufacturing cells and protecting each segment by firewalls.

The upgrading of existing real-time Ethernet protocols can be a start. Other possibilities are the expansion with special hardware or the development of a new real-time Ethernet protocol which has built-in security capabilities. The term "security" will contain the following concepts of internet security: encryption, authentication and integrity. All these concepts are also necessary in industrial plants. The encryption of the data will be required for confidentiality. For example, an encrypted instruction can only be decrypted by receivers with the matching decryption key. With an authentication or an authenticated instruction a machine can verify the sender's identity and thus the validity of the command. By validating the integrity it can be guaranteed that the instructions have not been manipulated after its creation or sending and therefore contain correct information. These three examples show that security is also necessary in industrial plants with real-time networks, because without these three security concepts, an attacker can misuse all the missing security characteristics. An attacker can steal the instructions without encryption, can send his own instructions without authentication or manipulate an existing instruction without integrity.

2 Realization

In order to realize the real-time communication security, one option is an upgrade of existing real-time Ethernet protocols, for example ProfiNet or EtherNet/IP. All active components in the network must be modified to provide the real-time security. The licensor of the protocols ought to allow the modification. The processor units of the active components must also have sufficient performance for the encryption. The challenge will be the additional computing time for the encryption. This might decrease the real-time capability or make it unachievable.

The other option is to implement a new protocol which operates on the OSI layer 2 (Open Systems Interconnection model), like ProfiNet or EtherNet/IP, with built-in security real-time capabilities. However this option will be an enormous effort with an indefinite goal. Another possible way would be to work on current projects by the Time-Sensitive Networking (TSN) Task Group which is a part of the IEEE 802.1 Working Group [4].

A practical realizable option will be to use real-time capable hardware to expand an existing real-time Ethernet protocol. This hardware can be a FPGA (field-programmable gate array) with a network input and output. A message frame from a real-time protocol like ProfiNet can be picked up and the plain data of this frame can be passed to the FPGA to encrypt them in a few clock cycles and forward them to the primal receiver. On the receiver side, a FPGA decrypts the plain data and inserts them back into the message frame. If this can be realized in a few clock cycles of the FPGA, it can be a method to get an end-to-end encryption in an existing real-time network. The difficulty will be the additional processing time of the FPGA, it can decrease the real-time capability.

3 FPGA Hardware Encryption

A possible way to realize the FPGA based option will be shown in the following steps for the sender's side. The FPGA hardware expansion will be called "Real-time FPGA Coder". The payload data of the lowest necessary OSI layer protocol for a successful network transfer will be called "payload" in the following. The entire Ethernet packet or Ethernet frame will be called "message". The processing data can be the payload of the Ethernet II frame or of one of the upper encapsulated layer frames. All the following steps will be modeled in VHDL to use the real-time capability of the FPGA. Modeling in Verilog HDL is also possible. A network transfer with the whole processing of the Real-time FPGA Coder will be shown in Figure 1.

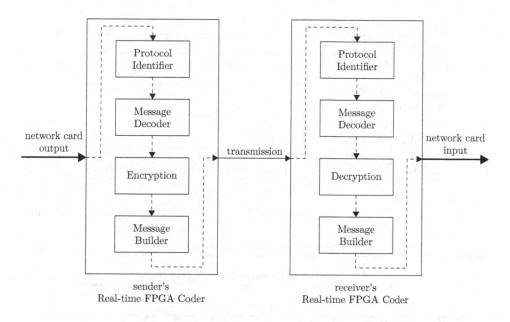

Fig. 1. Processing of the Real-time FPGA Coder

3.1   Step 1: Protocol Identifier

Note: Theoretically it is possible to skip Step 1 and directly decode and encrypt the payload of the Ethernet II frame, but this is only possible if the transmission routes have no active components which use an upper encapsulated layer protocol. Otherwise active components like switches or routers are not able to interpret and decode the Ethernet packet, because the needed information from the Ethernet II frame (the payload from upper encapsulated layer protocol) are encrypted. Dependent on the used network infrastructure and the active components it is possible to repeat Step 1 recursively on used for any upper encapsulated layer protocol.

The first step will be to analyze the incoming message to identify the used protocol. An interpreter can easily scan the Ethernet packet for known headers. When using the Ethernet II frame the EtherType can be used to identify the encapsulated protocol. The EtherType is a two-octet field in the Ethernet II frame. The values from the EtherType indicate the next upper encapsulated layer protocol. A few EtherType values are shown in Table 1 [5–7].

Table 1. Values of EtherTypes

Hex code	EtherType Value
0x0800	IPv4
0x80E1	EtherNet/IP
0x8100	Customer VLAN Tag
0x8204	QNX Qnet
0x86DD	IPv6
0x8892	ProfiNet
0x88A4	EtherCAT
0x88AB	Ethernet Powerlink
0x88B8	GOOSE (Generic Object Oriented Substation Events)

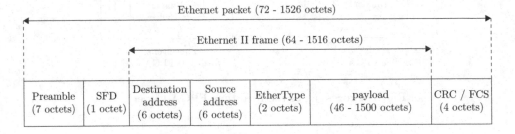

Fig. 2. Ethernet packet with Ethernet II frame

If the protocol identifier detects a known header, the whole Ethernet frame will be forwarded to the message decoder for further processing. An Ethernet II frame will be shown in Figure 2.

3.2   Step 2: Message Decoder

The second step will be to decode the incoming message with a message decoder. A decoder analyzes the Ethernet packet and splits it into different parts. Depending on the necessary OSI layer for a successful network transfer (see note Step 1), the encapsulated protocol must be handled differently from the message decoder. Next the message decoder extracts the payload from the message and forwards it to the encryption module. All other information from the extracted Ethernet packet must be saved for further processing. The saved information is later needed to generate a new Ethernet packet with all necessary upper encapsulated layer protocols. Only encrypting the payload will not work because the checksums or check sequences, like cyclic redundancy check (CRC) or frame check sequence (FCS) from the extracted and all higher protocols, would show a failure. After the message decoding the extracted payload is forwarded to the encryption module.

3.3   Step 3: Encryption

In the third step an encryptor will encrypt the payload (i.e. the plain data) of the message. Encryption in FPGAs has already been performed [8] and can be used to realize this step. The encryption module also signs the payload of the message. For a reasonably short processing time in the FPGA, an authenticated encryption can be an option to achieve the necessary security. An authenticated encryption provides all three security concepts in one process: encryption, authentication and integrity. One possible solution would be the AES-CCM algorithm which use the AES algorithm in the "Counter with CBC-MAC" mode and has already been implemented on a FPGA [9].

3.4   Step 4: Message Builder

In the last step, before sending the message, a message builder must create a new Ethernet packet with the information saved in Step 2 and the new signed and encrypted payload. The message builder must also calculate the size of the encrypted payload. If the size of the encrypted payload is larger than the maximum possible payload in the message, it has to split the encrypted payload and build new messages. Figure 3 shows the message with encrypted payload.

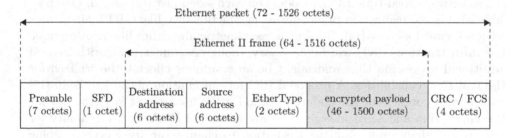

Fig. 3. Encyrpted payload from the build message

4   Remarks

With the FPGA based solution some remarks for the deployment must be discussed, like characteristics for real-time network protocols, the receiver side or a possible key infrastructure. These terms will be shown in the following.

4.1 Real-time Protocols

In order to create a new message with the Real-time FPGA Coder we must model the used network protocols in a hardware description language like VHDL or Verilog HDL. Depending on the network protocol this could be an enormous effort, especially for the real-time Ethernet protocols. For the first evaluation and development steps we would be able to use pre-designed IP-Cores for the FPGA. For the major real-time Ethernet protocols, like ProfiNet or EtherNet/IP, there already exist IP-Core solutions for evaluation. For Xilinx FPGAs the Anybus IP from HMS Industrial Networks are available [10, 11] and for Intel FPGAs (previously Altera Corporation) the Softing Protocol IP by Softing Industrial Automation GmbH [12, 13]. We will consider both solutions and analyze how we can deploy it on the Real-time FPGA Coder, if possible.

4.2 Receiver Side

Theoretically, the receiver side also has to process the four steps in the same order. Only at Step 3 the encryption module must detect the encryption payload and switch to the decryption mode which works equivalently. It would be advantageous to design the Real-time FPGA Coder directly for sending and receiving.

4.3 Key Infrastructure

Most of the further research will be dedicated to the key infrastructure for the FPGA based option. If using a symmetric algorithm like AES-CCM, a key handshake between Real-time FPGA Coders on each side must be defined. One possible idea is the realization of an equivalent functionality like 0-RTT algorithms with a forward secrecy [14]. If using an asymmetric algorithm like RSA a public key infrastructure (PKI) will be necessary, though asymmetric algorithms need additional processing time and might be an enormous effort to be realized for the real-time capabilities. A proposed PKI for automation networks like in [15] will be also considered. An update routine for the used secret key (the key for the encryption and sign) must also be available. A FPGA with the ability for partial reconfiguration could be a solution to change the used cryptographic algorithm while operating without substituting the whole FPGA design of the Real-time FPGA Coder. We must discuss the use cases and investigate the best option of the key infrastructure. On a network with devices which are always pre-defined and knowing it is possible to apply static secret keys for each device with a Real-time FPGA Coder. To deploy a broadcast update routine, which can change the key storage on the Real-time FPGA Coder, will also be necessary. In fluent processing networks it is also possible to use different or temporary devices, for example for a special manufacturing order. In this case the secret key must be changing immediately or the design of the key infrastructure can also use temporary keys.

5   Future Work

After the demonstration of the FPGA based option, the theoretical principles are known. To realize these principles will be the next step. First we will implement it for a classical local area network scenario with typical IPv4 or IPv6 packets. After that, we move one layer deeper in the OSI model for the real-time capabilities, and try to use a real-time network protocol. Possibly, a virtualization of the network functionality with a network simulator can show which performance difference we can expect with additional encryption. We will also investigate possible solutions using the current projects by the TSN Task Group and the OPC Foundation like "OPC UA over TSN" [16].

6   Conclusion

Modern industrial plants where automatized and cross-linked workflows are used need security capabilities to ensure the fluent processing and prevent unauthorized access. Today's realization of security in real-time Ethernet networks is carried out to split the manufacturing cells in different segments and protect each segment by firewalls. An end-to-end security does not exist. In order to realize a secure real-time communication in modern industrial plants we have proposed to expand an existing real-time Ethernet protocol with a real-time capable hardware: a FPGA. The FPGA based option would realize the necessary security with a newly designed hardware extension, the Real-time FPGA Coder which will be attached to existing network cards. These extensions will be modeled in a hardware description language like VHDL or Verilog HDL and implemented in four modules representing in four steps (see Section 3). The first step will be to identify the used network protocol by EtherType in the Ethernet frame. The second step decodes the incoming message and extracts the payload (the plain data) and all the needed packet information. The third step encrypts or decrypts the payload with a symmetric algorithm. An authenticated encryption with the AES-CCM algorithm will provide all three security concepts in one process: encryption, authentication and integrity. In the last step a new message with the encrypted or decrypted payload will be built and forwarded to the network card. Further research will be dedicated to the key infrastructure and find out what infrastructure will be the best option for the use case in modern industrial plants. The ability for partial reconfiguration of the FPGA can change or update the used cryptographic algorithm without substituting the whole FPGA design and keep state of the art security properties for the Real-time FPGA Coder.

Finally, the implementation of these theoretical principles will be shown if real-time communication with end-to-end security (encryption and signing the payload between two Real-time FPGA Coders) in a processing time which is suitable for real-time is possible.

References

1. ProfiNet Homepage, `https://www.profibus.com/technology/profinet/` (last accessed 17 Apr 2018)
2. EtherNet/IP Homepage, `https://www.odva.org/Technology-Standards/EtherNet-IP/Overview` (last accessed 11 Jul 2018)
3. EtherCAT Homepage, `https://www.ethercat.org` (last accessed 17 Apr 2018)
4. Time-Sensitive Networking (TSN) Task Group Homepage, `https://1.ieee802.org/tsn/` (last accessed 17 Apr 2018)
5. IEEE 802 Numbers, `https://www.iana.org/assignments/ieee-802-numbers/ieee-802-numbers.xhtml` (last accessed 04 Jul 2018)
6. Extension of Stream identification functions, `http://www.ieee802.org/1/files/public/docs2017/new-mangin-extension-stream-id-0717-v01.pdf`, slide 3 (last accessed 11 Jul 2018)
7. Netconf Central Homepage, `http://www.netconfcentral.org/modules/ietf-ethertypes`, (last accessed 04 Jul 2018)
8. T. Wollinger, J. Guajardo and C. Paar: Cryptography on FPGAs: State of the Art Implementations and Attacks, ACM Transactions in Embedded Computing Systems (TECS), March, 2003.
9. I. Algredo-Badillo, C. Feregrino-Uribe, R. Cumplido, M. Morales-Sandoval: FPGA Implementation and Performance Evaluation of AES-CCM Cores for Wireless Networks, Proceedings of the 2008 International Conference on Reconfigurable Computing and FPGAs, p.421-426, December, 2008.
10. Xilinx Industrial Networking Homepage, `https://www.xilinx.com/applications/industrial/industrial-networking.html` (last accessed 08 Jul 2018)
11. Anybus IP for Xilinx Homepage, `https://www.anybus.com/technologies/wireless-others/anybus-ip-for-xilinx` (last accessed 08 Jul 2018)
12. Intel FPGA Industrial Networking Homepage, `https://www.altera.com/solutions/industry/industrial/applications/automation/industrial-networking.html` (last accessed 08 Jul 2018)
13. Softing Protocol IP Homepage, `https://industrial.softing.com/en/products/embedded-solutions/protocol-stacks-for-fpgas/softing-protocol-ip/softing-protocol-ip-evaluation-kit.html` (last accessed 08 Jul 2018)
14. F. Gunther, B. Hale, T. Jager and S. Lauer: 0-RTT Key Exchange with Full Forward Secrecy, 36th International Conference on the Theory and Applications of Cryptographic Techniques, EUROCRYPT 2017.
15. S. Hausmann, S. Heiss: Usage of Public Key Infrastructures in Automation Networks, Proceedings of 2012 IEEE 17th International Conference on Emerging Technologies & Factory Automation (ETFA 2012), IEEE ETFA, September, 2012
16. OPC UA over TSN, OPC Fundadation Homepage, `https://opcconnect.opcfoundation.org/2017/12/opc-ua-over-tsn-a-new-frontier-in-ethernet-communications/` (last accessed 09 Jul 2018)

Entwicklungsvorschläge für ISO 26262 konforme MCUs in sicherheitskritischer Avionik

Georg Seifert, Sebastian Hiergeist und Andreas Schwierz

Zentrum für Angewandte Forschung
Technische Hochschule Ingolstadt, 85049 Ingolstadt
{georg.seifert|sebastian.hiergeist|andreas.schwierz}@thi.de

Zusammenfassung. Die Nutzung komplexer Microcontroller Units (MCUs) stellt für Systeme der Luftfahrt eine Herausforderung hinsichtlich der Safety dar, da sie in den wenigsten Fällen nach den Anforderungen der Luftfahrtindustrie entwickelt werden. Die meisten Commercial off-the-shelf (COTS) Hardware-Komponenten für sicherheitskritische Systeme werden dabei hauptsächlich für andere Produkte wie Industrieanlagen und Automobilsysteme entwickelt. Die Luftfahrt kann von diesen Produkten profitieren, jedoch reichen die Sicherheitsmaßnahmen in einigen Bereichen noch nicht vollständig aus. Dazu werden zunächst aktuelle Bemühungen der Avionik-Industrie gezeigt, den geforderten Grad an Sicherheit zu erreichen. Diese Lösungen stellen in vielerlei Hinsicht einen Kompromiss dar, welcher hinsichtlich Space, Weight and Power (SWaP) als suboptimal zu betrachten ist. Daher werden in diesem Artikel Lösungsvorschläge für ausgewählte Defizite erarbeitet, wie die Microcontroller Unit (MCU)-Hersteller die Eignung ihrer Produkte für hochsicherheitskritische Systeme steigern können.

1 Einleitung

Der Entwurf sicherheitskritischer Systeme ist nach dem Ziel der Schadensverhinderung ausgerichtet. Luftfahrt- und Automobilindustrie sind beides Branchen, die das Bestreben haben, Personen sicher an ihr Reiseziel zu befördern. Die Mehrheit an echtzeit- bzw. sicherheitskritischen Funktionen wird in Hard- und Software realisiert. Historisch betrachtet hat die Luftfahrtindustrie früher mit der Allokation von sicherheitskritischer Funktionalität an elektronische Systeme begonnen (Digital-Fly-By-Wire (DFBW)). Das Flight Control System (FCS) ist hierbei der prominenteste Vertreter. Es sorgt für einen kontinuierlich sicheren Flug und die Landung eines Flugzeugs. Der Flight Control Computer (FCC) stellt als zentral verarbeitende Rechenkomponente die Plattform für den Flugregelalgorithmus dar und basiert auf einer Microprocessor Unit (MPU). Die Entwicklung von hochsicherheitskritischen Komponenten, wie dem FCC, kann im hohen Maße von der Einfachheit seiner Einzelelemente bei der Sicherheitsanalyse profitieren. Der Fortschritt am Halbleitermarkt hinsichtlich Parallelisierung und funktionaler Integration hat jedoch dafür gesorgt, dass klassische FCC-Architekturen basierend auf „einfachen" MPUs in naher Zukunft nicht mehr vorstellbar sind. Ursache dafür sind die geringe Nachfrage dieser Produkte und das damit verbundene Produktionsende.

Aus normativer Sicht begann die Automobilindustrie erst 2011 mit der Veröffentlichung des ISO 26262 das Thema Sicherheit von elektronischen Systemen zu konkretisieren. Die langjährige Erfahrung aus der Luftfahrtindustrie hierin konnte bei dessen Erstellung gewinnbringend berücksichtigt werden. Mit der Standardisierung der Entwicklungsanforderungen zur funktionalen Sicherheit in Automotive-Systemen sind neue Hardware-Architekturen entworfen worden. Da MCUs als Recheneinheit den neuralgischen Punkt in einem sicherheitsgerichteten System darstellen, haben Halbleiterhersteller wie Texas Instrument oder NXP MCUs mit einer integrierten Sicherheitsarchitektur, geeignet für Anwendungen nach ISO 26262 Automotive Safety Integrity Level (ASIL) D, entwickelt. Das bedeutet, dass diese Komponenten einen sehr hohen Diagnoseüberdeckungsgrad von zufälligen Hardware-Fehlern durch Chip-interne Mechanismen erzielen.

Aus diesem Safety-Trend in der Automobilindustrie versuchen nun die Luftfahrtunternehmen ihrerseits zu profitieren. Bereits auf dem Markt verfügbare Safety-MCUs stellen dabei vielversprechende Kandidaten für den Einsatz in künftigen FCCs dar, für die einerseits nur eine moderate Rechenleistung gefordert ist, andererseits aber hohe Ansprüche an Verfügbarkeit und Zuverlässigkeit gestellt werden. Sie sind ein Kompromiss neben der breiten Masse an sehr komplexen MCU-Architekturen auf dem Markt.

Trotz dieser positiven Trendwende auf dem Halbleitermarkt für die Avionik-Industrie erzwingt der technologische Sprung von MPUs zu MCUs in hochsicherheitskritischen Systemen ein Umdenken in der Avionik-Systementwicklung. Im Besonderen ist dies für die folgenden FCC Eigenschaften erkennbar:

Sicherheit Um den Sicherheitsansprüchen bzgl. der Integrität der Hardware-Plattform gerecht zu werden sind kritische Komponenten wie die MPU redundant in einem FCC vorhanden. Eine MCU beinhaltet bereits den Rechenkern als eine Funktionalität unter vielen und kann deshalb nicht mehr isoliert in einer System-Sicherheitsarchitektur betrachtet werden.

Echtzeit Die zeitlich deterministische Ausführung des FCC-Regelalgorithmus im MPU ist abhängig von ein- bzw. ausgehenden Datenflüssen des angebundenen IO-Subsystems. Dieses wird nach den Anforderungen der Luftfahrtindustrie entwickelt, sodass zugesichert werden kann, dass Zugriffe auf Peripherieelemente ein zeitlich vorhersagbares Verhalten haben. Ein MCU kapselt bereits dieses IO-Subsystem und erlaubt nur noch Konfigurationen, aber keine strukturellen Anpassungen mehr.

Diese beiden Eigenschaften stellen einen Ausschnitt aus einer Fülle von Gesichtspunkten dar, die ein Avionik-Hersteller bei der zulassungskonformen Integration einbeziehen muss. In vorangegangenen Arbeiten haben wir bereits gezeigt, was zu berücksichtigten ist, um die vorgestellten Eigenschaften trotz der neuen Automotive Safety Microcontroller Unit (ASMCU)-Architekturen zu erfüllen [8]. Die angestellten Betrachtungen waren hierbei klar am Ist-Zustand der Hardware ausgerichtet. Das bedeutet, dass für die Integration einer ASMCU in einem FCC ein Mehraufwand erbracht werden muss, der aus unterschiedlichen Hardware-Anforderungen der beiden Domänen resultiert. In der vorliegenden Arbeit wird untersucht, wie diese Maßnahmen durch eine geeignete Weiterentwicklung dieser Hardware-Komponenten durch den Halbleiterhersteller reduziert werden können. In Kapitel 2 wird daher primär untersucht, inwieweit die Safety durch entsprechende architektonische Maßnahmen und Echtzeit-Analysen erbracht werden kann. Anschließend wird in Kapitel 3 gezielt darauf eingegangen, wie die Entwicklung und der Entwurf künftiger ASMCUs optimiert werden kann, damit für die Erfüllung der MCU-Anforderungen *Sicherheit* und *Echtzeit* weniger alternative Mittel bzw. Hilfskonstruktionen verwendet werden müssen.

2   ASMCU-Integration in Avionik

Aus der Sicht der Luftfahrtindustrie ist ein ASMCU trotz seiner Eignung für sicherheitskritische Automotive-Systeme eine COTS Hardware-Komponente und wird auch als solche innerhalb eines Avionik-Entwicklungsprozesses behandelt. Ursächlich für diese Vorgehensweise ist die Tatsache, dass die Produkt- und Prozessanforderungen für die Hardware-Entwicklung sich von denen in der Luftfahrtindustrie akzeptierten Ansätzen unterscheidet [7]. Bisher ist die Anwendbarkeit und der Nutzen des ISO 26262 für den Avionik-Entwurf noch weitgehend ungeklärt.

Halbleiterhersteller richten ihre Produkte auch im Safety-Bereich danach aus, ein möglichst breites Anwendungsspektrum abzudecken. Dies führt zu der hohen Integration der Produkte und zu Kompromissen in der MCU-Organisation bzgl. geteilter Ressourcen auf einem Chip und der Einschränkungen bei der direkten Ankopplung von kundenspezifischen Funktionen an den Rechenkern.

Diese vordefinierte Kapselung und hohe Dichte an Funktionalität einer MCU passen nicht mit Entwicklungsparadigmen für sicherheitskritische Avionik zusammen. Hardware-Komponenten werden in der Luftfahrt top-down, ausgehend vom Gesamtsystem, entwickelt. So kann zugesichert werden, dass die Hardware konform zu dem Systemverhalten in seinem operativen Umfeld arbeitet. Dieses Vorgehen ist aus der Erkenntnis entstanden, dass Sicherheit eine Systemeigenschaft ist, weshalb nur Systeme (Flugzeugmuster) für den kommerziellen Verkehr zugelassen werden.

Obwohl bei der Entwicklung von COTS Hardware-Komponenten (ISO 26262 eingeschlossen) der Systemgedanke nicht vordergründig ist – Komponenten werden vom System losgelöst entwickelt – sind diese Komponenten in Avionik-Systemen notwendig und allgegenwärtig. Zu deren Absicherung empfiehlt die European Aviation Safety Agency (EASA) die Anwendung von alternativen Mitteln [2]. Hieraus lassen sich für den Einsatz von COTS Komponenten in hochsicherheitskritischen Systemen unter anderem folgende Erfordernisse ableiten:

– Architektonische Sicherheitsmaßnahmen außerhalb des MCU gegen systematische und zufällige Fehler der Hardware. Dazu gehören Überwachungs- und Redundanzansätze.

– Die Verifikation des Echtzeitverhaltens der genutzten Chip-internen Ressourcen. Hierzu gehört insbesondere das für eine MCU typische umfangreiche IO-Subsystem.

Das Sicherheitskonzept auf MCU-, FCC- und FCS-Ebene muss überlappend bzw. ergänzend gestaltet werden, damit kein Fehler alle diese Ebenen überwinden kann. Dadurch wird sichergestellt, dass ein Flugsystem kein anormales bzw. gefährliches Verhalten zeigt.

Im weiteren Verlauf dieses Kapitels wird erläutert, auf welche ASMCU-Sicherheitsmaßnahmen ein Avionik-Hersteller aufbauen kann, falls er überzeugend darlegt, wie sich diese integer in sein Sicherheitskonzept einfügen. Die integrativen Maßnahmen zur Verwendung eines ASMCU in eine hochsicherheitskritische Avionik werden entlang der oben abgeleiteten Zulassungserfordernisse beschrieben. Der FCC dient dabei als Beispielanwendung, welche stringente Sicherheits- und Echtzeitanforderungen erfüllen muss, da während der Flugphasen selbst kurze Störungen des Normalbetriebs bereits zu katastrophalen Ereignissen führen können. Dies kann lediglich durch einen entsprechenden Fail Operational-Betrieb sichergestellt werden.

2.1   ASMCU Sicherheitsmechanismen

Die allgemeingültigen Forderungen aus der ISO 26262 sind von Hardware-Herstellern in aktuellen MCUs implementiert worden, um den Anforderungen der Automobilindustrie gerecht zu werden. Hierunter fallen zum einen ausführliche Safety Manuals sowie Richtlinien und Software-Test für die Nutzung der verbauten Komponenten. Zum anderen werden auch hardwarespezifische Lösungen zur Steigerung der Ausfallsicherheit des Systems angeboten.

Zur Absicherung gegenüber Single Event Upset (SEU) oder Single Event Latchup (SEL) und einer Erhöhung der Fehlertoleranz werden unter anderem bei der ARM Cortex-R und der PowerPC MPC57xx Serie Prozessor-Lockstep Mechanismen eingesetzt. Hierbei handelt es sich um Mehrkern-Architekturen, die nicht zur Leistungssteigerung eingesetzt werden, sondern bei denen der identische Programmcode parallel (oder um einige Zyklen versetzt) ausgeführt wird und die einzelnen Ergebnisse miteinander verglichen werden. Um die Integrität von Speicher- und Bussystemen zu erhöhen, werden Fehlererkennungs- und -korrekturverfahren hardwareseitig implementiert.

Ein Verfahren zur Absicherung gegen Laufzeitüberschreitungen bieten Watchdogs, mit denen zu gewissen Zeitpunkten interagiert werden muss. Hierdurch lässt sich sicherstellen, dass die Applikation bis zu einem bestimmten Zeitpunkt fertig ist und bei Worst Case Execution Time (WCET)-Überschreitungen Gegenmaßnahmen eingeleitet werden, wie z.B. das System in einen sicheren Zustand zu überführen oder unkritische Funktionen abzuschalten.

Neben den individuellen Implementierungen zur Absicherung des Systems sind bei den aktuellen ASMCU Fehlerverwaltungseinheiten integriert. Diese nehmen die erkannten Unregelmäßigkeiten oder Fehlerzustände des Systems entgegen, protokollieren diese und führen definierte Reaktionen aus. Je nach Ausmaß und Schwere des Ausnahmezustandes lassen sich entsprechende Recovery-Maß-nahmen einleiten oder das System in einen sicheren Zustand überführen.

Die hier aufgeführten technischen Implementierungen decken einen Groß-teil der Safety-Anforderungen ab und können gewinnbringend sowohl in der Automobil- als auch in der Luftfahrtbranche verwendet werden. Einige Probleme, wie Fehlertoleranz gegenüber Common Mode Failures (CMFs) oder ein durchgehender Fail Operational Betrieb, wie von der Luftfahrt gefordert, lassen sich alleinig mit den vorgestellten Methoden jedoch nicht realisieren.

2.2 Sichere Avionik-Plattform durch Redundanz

Durch die fortschreitende Entwicklung hin zu autonomen Fahrzeugen, so wie auch dem zunehmenden Wegfall von mechanischen Backup-Lösungen, steigen auch die Sicherheitsanforderungen an das Gesamtsystem Automobil. Dies führt zwangsweise dazu, dass der geforderte Grad an Sicherheit nicht mehr durch eine einzelne MCU abgedeckt werden kann. Der Trend geht hier in Richtung 1oo2D-Systemen wie z.B. in [6] beschrieben. Dieses Verfahren kombiniert eine redundante Auslegung der MCU mit deren hohem Grad an Fehlerdiagnose. Wird bei der primären MCU, entweder durch die MCU selbst oder auch durch die sekundäre MCU, ein Fehler erkannt, so wird innerhalb einer festgelegten Zeit auf die sekundäre MCU umgeschaltet. Für die Automotive-Industrie ist dies ein adäquater Kompromiss im Vergleich zu klassischen 2oo3-Systemen basierend auf mindestens drei redundant arbeitenden Knoten. Im Gegensatz dazu ist hier jedoch kein vollständiger Fail-Operational Betrieb gegeben, da während des Um-schaltvorgangs der operationelle Betrieb nicht durchgehend sichergestellt werden kann. Dieser Ansatz ist daher für FCCs agiler Flugkörper ungeeignet, weswegen hier weiterhin auf echte (mindestens dreifache) Redundanz mit Fehlermaskie-rung gesetzt werden muss. Diese redundanten MCUs müssen dabei über ein so-genanntes Redundanznetzwerk miteinander verbunden werden, über welches die Knoten zeitlich synchronisiert und alle ein- und ausgehende Daten abgeglichen werden können. Dies ist notwendig, um einen Konsens zwischen allen funkti-onsfähigen Knoten zu erreichen, sodass alle Knoten basierend auf identischen Eingabewerten auch gleiche Ausgaben generieren. Die MCU-Hersteller stellen hierfür jedoch keine dedizierten Redundanzschnittstellen zur Realisierung eines solchen Netzwerkes bereit, da seitens der Automobilindustrie keine Anforderun-gen diesbezüglich existieren. In der Avionik-Industrie behilft man sich deshalb mit externen, proprietären Lösungen in Form von Field Programmable Gate Arrays (FPGAs) oder Application-Specific Integrated Circuits (ASICs), welche die komplette Redundanzfunktionalität implementieren und so die redundanten MCUs miteinander verbinden. Hierbei ergibt sich jedoch ein schlechteres Verhält-nis hinsichtlich SWaP, was für den Einsatz in kompakten und kostengünstigen Unmanned Air Vehicle (UAV) FCCs als suboptimal anzusehen ist.

Zur Verbesserung der SWaP-Charakteristiken wird deshalb versucht, die In-tegrationsdichte weiter zu steigern, indem die Redundanzfunktionalität durch die MCU selbst bereitgestellt wird [5]. Hierbei wird das sicherheitskritische Re-dundanznetzwerk über bereits in der MCU vorhandene Schnittstellen realisiert, welche in ausreichender Anzahl vorhanden sind, sodass auch das Netzwerk selbst redundant ausgelegt werden kann.

Hierbei ergeben sich jedoch auch mehrere Probleme:

- die Logik des Netzwerkes muss in Software realisiert werden, was zu Lasten der Gesamtleistung geht,
- eine negative Beeinflussung der erreichbaren zeitlichen Synchronität durch MCU interne Ressourcen-Konflikte, sowie
- eine Verschlechterung der allgemeinen WCET durch signifikant höheres Datenaufkommen (siehe Kapitel 2.3).

Bedingt durch diese Punkte spielen die MCU-internen Verarbeitungsprozesse eine wichtige Rolle, sodass diese detaillierter betrachtet werden müssen.

2.3   Analyse des Echtzeitverhaltens des IO-Subsystems

Neben der Steigerung der Safety durch mehrfache Auslegung der Hardware (Kapitel 2.2) muss einerseits sichergestellt werden, dass die Laufzeit der Applikation nicht überschritten wird, andererseits ist eine Überdimensionierung aus Kostengründen unerwünscht. Die Vorhersage der Laufzeit (WCET-Analyse) ist daher für echtzeit- bzw. sicherheitskritische Systeme unerlässlich. Um eine zuverlässige und für die Zulassungsbehörden belastbare Aussage über die WCET einer Applikation zu treffen, werden aktuell statische Analysen von den Zulassungsbehörden der Luftfahrt gefordert [4].

Analysewerkzeuge nach aktuellem Stand der Technik treffen jedoch nur Aussagen für Applikationen, die sich keine MCU-internen Ressourcen mit anderen aktiven Chip-Elementen teilen. Eine Darstellung des internen IO-Subsystems und der möglichen Ressourcenkonflikte ist nicht abbildbar. Aus diesem Grund wird bei hochsicherheitskritischen Systemen, wie auch bei dem hier beispielhaften FCC-System, auf die Nutzung von geteilten Ressourcen verzichtet. Dies reduziert die Leistungsfähigkeit der aktuellen MCUs, da sowohl der Regel-Algorithmus als auch das IO-Management von einer einzelnen CPU übernommen werden muss. Ein zusätzlicher Mehraufwand in Form eines intern realisierten Redundanzmanagementsystem, wie in Kapitel 2.2 beschrieben, ist daher kaum realisierbar und der Einsatz von Zusatzhardware, wie DMA-Controller (DMA-C) oder dedizierte IO-CPUs, muss laufzeittechnisch quantifizierbar werden.

Zudem muss durch die oftmals knappen Speicherressourcen innerhalb der einzelnen Peripheriemodule jedes ankommende Datenpaket sofort verarbeitet werden, um einen Verlust durch Überschreiben zu verhindern. Andererseits müssen für ausgehende Nachrichten zeitnahe neue Daten nachgeladen werden, um die zur Verfügung stehende externe Bandbreite effizient auszunutzen. Dies ist mit einem CPU-getriebenen Ansatz oft nur unzureichend möglich und die Nutzung von parallelen Transfers ist daher unumgänglich, um Datenverlust zu vermeiden und die CPU zu entlasten. Aktuell werden zur Entlastung der CPU vereinzelt im synchronen Wechsel mit der CPU arbeitende Direct Memory Access (DMA)-Transfers zugelassen, um den Kopiervorgang von Daten zu beschleunigen. Hierbei wartet die CPU bis zur Fertigstellung des DMA-Transfers. Falls parallele

Zugriffe auf gemeinsame Ressourcen erlaubt sind, so wird die Zugriffszeit auf kritische Bereiche pessimistisch geschätzt. Durch diese Methodik werden potenzielle Laufzeitgewinne drastisch reduziert.

Die Analyse von Ressourcenkonflikten wird zudem erschwert, da viele Hersteller das genaue zeitliche Verhalten der internen Verbindungsnetze nicht offenlegen. Durch verschiedene Reverse-Engineering-Ansätze lassen sich diese Eigenschaften ermitteln. Hierbei hat sich das individuelle Vermessen der Zugriffszeiten auf einzelnen Pfaden durch das IO-Subsystem mithilfe von Mikrobenchmarks als eine praktikable Möglichkeit erwiesen [9]. Anhand dieser Ergebnisse lassen sich ausreichend genaue Aussagen über das Zugriffsverhalten ableiten, die einen Einsatz von asynchronen Zugriffen auf gemeinsame Ressourcen zulassen.

3   Entwicklungsvorschläge für MCU-Hersteller

Der Einsatz vorhandener COTS Hardware lässt sich aktuell unter gewissen Randbedingungen für hochsicherheitskritische Avionik-Systeme einsetzen, jedoch müssen für dieses Einsatzszenario einige Hilfskonstruktionen implementiert werden. Um diese Problematiken zu reduzieren, ließen sich durch Anpassungen seitens der Hersteller Optimierungen erreichen, durch die sich der Einsatz in solchen Umgebungen effizienter gestalten lässt.

3.1   Verbesserung der Echtzeitbedingungen

Zusätzlich zu den allgemeinen Verbesserungen bietet es sich an, Systeme explizit für Echtzeitanwendungen zu entwickeln. In den letzten Jahren ist die durchschnittliche Leistung der MCUs und der verbauten Prozessoren immer weiter gestiegen. Ein Nachteil dieser Optimierung ist der Wegfall der deterministischen Vorhersage der Laufzeit, wodurch immer komplexere Analysen initiiert werden müssen. Zudem bewirken diese Optimierungen in vielen Fällen eine Verschlechterung der oberen Grenze der Laufzeit. Da für viele hochsicherheitskritische Systeme nicht die Rechenkraft im Vordergrund steht, würde eine Rückkehr zu einfachen Prozessorarchitekturen, adaptiert auf modernen Fertigungstechnologien, viele Vorteile bringen. Neben der Adaptierung der konventionellen Architekturen beschäftigt sich die Forschung mit der Entwicklung neuartiger Echtzeit-Architekturen, wie der PRET Architektur [3], die ein exaktes Zeitverhalten unabhängig von Vorbedingungen bereitstellt. Zudem bietet sie moderne Komponenten wie Pipelining oder Hardware-Threading und erweitert das übliche Instruction Set um Instruktionen, die das Prüfen von Zeitschranken und ähnliches [1] bereitstellen. Eine COTS Implementierung dieser oder ähnlicher Architekturen ist bis jetzt jedoch nicht auf dem Markt erschienen.

Aktuell wird ein Großteil der Peripherie in Gruppen zusammengeführt und mithilfe von Bussystemen an den Crossbar Switch angeschlossen. Dies reduziert Platz auf dem Chip und damit Kosten. Hierdurch werden Zugriffspfade auf einzelne unabhängige Geräte zu einer unnötigen Shared Ressource. Um diese

Konflikte abzuschwächen, bietet es sich an, die einzelnen, vor allem breitban-
digen, Peripheriekomponenten individuell an den Crossbar Switch anzubinden.
Neben der Problematiken durch das Gruppieren von Interfaces stellt in vielen
Fällen die Anbindung des Speichers einen schwer zu quantifizierenden Flaschenhals dar. Eine mögliche Lösung ist hierbei die Anbindung des Speichers über
mehrere getrennte Punkte (Multi-Port) an den Crossbar Switch, wie es für moderne Serversysteme umgesetzt ist. Dies ermöglicht dem Software-Designer eine
gezielte Partitionierung der Speicherbereiche und somit eine Reduzierung der
Ressourcenkonflikte.

Neben der Vorhersagbarkeit der Zugriffszeiten durch deterministische Netz-
werkstrukturen muss die Peripherie möglichst autark arbeiten können. Hierzu
ist ein individueller Speicher im Peripheriegerät essenziell, um nicht nur einzelne Nachrichten verarbeiten zu können, sondern ganze Nachrichtenströme. Dies
reduziert somit den Aufwand, dass nicht jede einzelne Nachricht sofort verarbeitet werden muss, sondern dass zu definierten Zeitpunkten der vorhandene Block
an Nachrichten kopiert werden kann. Dadurch lassen sich externe asynchrone
Datenströme peripherie-intern serialisieren und aus Sicht der Applikation als
synchrone Daten auslesen. Diese Art des Peripherie-Chip-Designs ist weitläufig
bekannt, wird wegen des hohen Kostendrucks und der dadurch knappen Chipfläche in modernen MCUs jedoch nicht verwendet. Dedizierte UART-Bausteine,
wie der de facto Industriestandard-Chip *16C550 UART*, besitzen beispielsweise
mindestens einen 16 Byte FIFO-Speicher je Richtung.

3.2   Redundanzkonzepte basierend auf MCUs

Zur Steigerung der Integrationsdichte bei der redundanten Auslegung von MCUs
wird die Bereitstellung dedizierter Synchronisierungs- und Redundanzschnittstellen seitens der MCU-Hersteller als gewinnbringend betrachtet. Eine vierfach-
redundante Auslegung der Knoten wird hierbei als Maximum angesehen, wodurch sich die zusätzliche Anzahl an externen Schnittstellen in Grenzen hält.
Abhängig von der Architektur des Redundanznetzwerkes muss hier jedoch auch
ein entsprechender Grad an Redundanz innerhalb des Netzwerkes selbst mit berücksichtigt werden, um einen Single Point of Failure (SPoF) auf dieser Ebene
zu vermeiden.

Um die aufkommenden Datenmengen effizient verarbeiten zu können, integrieren Hersteller dedizierte IO-CPUs, welche sich zur Vorverarbeitung der
redundanten Daten nutzen lassen. Ähnlich wie bei regulären MCUs ist hier zu
beachten, dass die einzelnen Schnittstellen direkt an den Crossbar Switch angebunden werden. Die direkte Anbindung etwaiger Redundanzschnittstellen ist
Voraussetzung, um parallel laufende Transfers zu ermöglichen.

Zusätzlich zur hardwareseitigen Implementierung von Redundanzschnittstellen bietet sich die Ausgestaltung eines dedizierten Redundanzmodules aus mehreren Gründen an. Da das hinzukommende Datenaufkommen in Abhängigkeit
vom zu realisierenden Gesamtsystem erheblich ist, wird durch eine entsprechende
Vorverarbeitung der Redundanzdaten die CPU entlastet werden. Bei der Vorverarbeitung handelt es sich primär um die Codierung und Decodierung des Redun-

danzdatenstroms sowie die Ausführung von Voting-Algorithmen zur Konsolidierung der redundanten Daten. Aufgrund der projektspezifischen Gestaltung der Datenströme, sowie auch spezifischer Anforderungen an die Voting-Algorithmen, empfiehlt sich die Integration eines dedizierten, leichtgewichtigen Rechenkerns, möglichst mit lokalem Speicher. Dementsprechend können Synchronisationsmechanismen, ähnlich wie bei FlexRay, bereits in das Modul mit aufgenommen werden. In vielen Fällen ist eine framebasierte Synchronisation ausreichend, bei welcher nur bestimmte Ereignisse, wie z.B. der Start der aktuellen Ausführungsphase, zwischen allen Teilnehmern synchronisiert werden müssen.

Ein großer Zugewinn kann durch eine entsprechende Standardisierung der Redundanzschnittstellen zwischen den einzelnen Herstellern erreicht werden. In der Avionik wird oft mit diversitärer Hardware gearbeitet, um die Wahrscheinlichkeit von Common Cause Failure (CCF) bei den eingesetzten Systemen minimieren zu können. Durch eine entsprechende Standardisierung der Interfaces kann der Aufwand bei der redundanten Verschaltung von unterschiedlichen MCUs signifikant verringert werden. Mit einem offen gelegten einheitlichen Design kann eine entsprechende Erleichterung bei der Zertifizierung erreicht werden. Wie bereits in vorherigen Kapiteln betrachtet geben die Hersteller aus Gründen des Know-How Schutzes üblicherweise keinen Einblick in interne Bus-Charakteristiken. Dies ist aus Sicht der MCU-Hersteller durchaus berechtigt, erschwert jedoch die Zertifizierung der Komponenten speziell im Avionik-Bereich, da Fehler im Design nicht explizit geprüft und ausgeschlossen werden können. Bei einer Standardisierung des Redundanzmodules könnte diesen Bedenken entgegengewirkt werden, indem das Modul entsprechend einheitlich und nach einem offenen Design in das Gesamtsystem integriert wird. Dadurch kann die Integrität des Netzwerkdesigns seitens der Zertifizierungsbehörden sichergestellt werden und somit ein sicheres Fundament für die darauf aufsetzenden MCU-Systeme erreicht werden.

Durch eine Anbindung dieses Redundanzmodules direkt an den Crossbar Switch können die Übertragungen performant und deterministisch erfolgen, wodurch eine ausreichende Gesamtperformance des Redundanznetzwerkes erreicht werden kann. Ergänzend bieten sich zudem eigene Speicherbereiche (FIFO oder Wechselpuffer) innerhalb des Redundanzmodules an, welche die vorverarbeiteten Daten dem Nutzer direkt zur Verfügung stellen.

4   Zusammenfassung und Ausblick

Seitens der Safety-Anforderungen wurden von der Automobilindustrie bereits Anstrengungen unternommen, diese durch die Hardware selbst erfüllen zu können. Die Entwicklung führte zu MCU-Systemen mit einem hohen Grad an Fehlerdiagnose, was für aktuelle Szenarien der Automobil-Branche ausreichend ist. Die umgesetzten Vorgaben decken jedoch nicht alle Anforderungen der Luftfahrtindustrie ab, sodass hier weitere Anstrengungen unternommen werden müssen. Hierunter fallen zum einen die Integration von Redundanzmodulen und entsprechender spezialisierter Schnittstellen in die MCU, die Fokussierung auf eine deterministische Verarbeitung innerhalb des Prozessors, sowie der Anbindung der Peripherie. Neben den gezeigten technischen Maßnahmen sind weitere Herausforderungen zu bewältigen, um den gesamten Anforderungsumfang abzudecken. Hierunter fallen neben den technischen Maßnahmen auch verwaltungstechnische Aufgaben wie z.B. Lebenszyklus von Produkten, Errata-Management und Einsicht in das Hardware-Design für Zertifizierungsbehörden, welche in dieser Veröffentlichung jedoch nicht behandelt werden.

Es wird zudem erwartet, dass diese Betrachtungen auch für den Bereich des autonomen Fahrens geeignet sind, da auch hierfür die Anforderungen an die Zuverlässigkeit und Verfügbarkeit steigen werden und sich denen annähern werden, die bereits heute für einen FCC gelten.

5 Danksagung

Diese Arbeit wird unterstützt durch das Projekt FORMUS^{3}IC „Multi-Core safe and software-intensive Systems Improvement Community" unter dem Förderkennzeichen AZ-1165-15 der Bayerische Forschungsstiftung und dem Förderprogramm „Forschung an Fachhochschulen" unter dem Förderkennzeichen 13FH7I01IA (SAFIR) des Bundesministerium für Bildung und Forschung.

Literaturverzeichnis

1. D. Broman, M. Zimmer, Y. Kim, H. Kim, J. Cai, A. Shrivastava, S. A. Edwards, and E. A. Lee. Precision timed infrastructure: Design challenges. In *Proceedings of the 2013 Electronic System Level Synthesis Conference (ESLsyn)*, May 2013.
2. EASA. EASA CM - SWCEH - 001 Development Assurance of Airborne Electronic Hardware, 03.2012.
3. S. A. Edwards, S. Kim, E. A. Lee, I. Liu, H. D. Patel, and M. Schoeberl. A disruptive computer design idea: Architectures with repeatable timing. In *2009 IEEE International Conference on Computer Design*, pages 54–59, Oct 2009.
4. R. Heckmann and C. Ferdinand. Worst case execution time prediction by static program analysis. In *18th International Parallel and Distributed Processing Symposium, 2004. Proceedings.*, April 2004.
5. S. Hiergeist and G. Seifert. Internal redundancy in future UAV FCCs and the challenge of synchronization. In *Digital Avionics Systems Conference (DASC), 2017 IEEE/AIAA 36th*. IEEE, 2017.
6. A. Much. The safe state: Design patterns and degradation mechanisms for fail-operational systems. safetronic.2015, 2015.
7. A. Schwierz and H. Forsberg. Design assurance evaluation of microcontrollers for safety critical avionics. In *Digital Avionics Systems Conference (DASC), 2017 IEEE/AIAA 36th*. IEEE, 2017.
8. A. Schwierz, G. Seifert, and S. Hiergeist. Funktionale Sicherheit in Automotive und Avionik: Ein Staffellauf. *Automotive-Safety & Security 2017-Sicherheit und Zuverlässigkeit für automobile Informationstechnik*, 2017.
9. G. Seifert and P. Hartlmüller. Zeitanalyse in EA-Netzen von Mikrocontrollern mittels Mikrobenchmarks. In *Logistik und Echtzeit*, Springer Berlin Heidelberg, 2017.

Autonomes Fahren in der Lehre

Andreas Werner und Robert Kaiser

Hochschule RheinMain
FB DCSM - Studienbereich Informatik, 65195 Wiesbaden
vorname.nachname@hs-rm.de

Zusammenfassung. An der Hochschule RheinMain wird seit zwei Jahren im Rahmen der Projektveranstaltung „Wahlprojekt", die im fünften Semester des Bachelor-Studiengangs Angewandte Informatik angesiedelt ist, ein autonomes Modellfahrzeug entwickelt. Im Beitrag werden neben den technischen Entwicklungen auch die Erfahrungen mit der Lehrveranstaltung über die letzten Jahre aufgezeigt. Dabei werden sowohl die Erfolge als auch die beobachteten Schwierigkeiten angesprochen.

1 Einleitung

1.1 Der Wettbewerb „Carolo Cup"

Der „Carolo Cup" ist ein Wettbewerb, der alljährlich von der Technischen Universität Braunschweig ausgerichtet wird [1]. Dabei treten von Studierendenteams entwickelte Modellfahrzeuge in verschiedenen Disziplinen gegeneinander an. Seit einigen Jahren teilt sich der Wettbewerb in zwei Klassen: Den vornehmlich für erstmalig antretende Teams gedachten „Basic Cup" und den eigentlichen „Carolo Cup", bei dem auch Teams mit teilweise mehrjähriger Erfahrung antreten. Bereits beim „Basic Cup" ist ein *statisches* und ein *dynamisches Event* zu absolvieren. Im statischen Event stellen die Studierenden ihr Gesamtkonzept für das autonome Fahren vor. Dabei werden neben den technischen Details auch die Energie- und Kosteneffizienz der Lösung begutachtet. Beim dynamischen Event müssen die Teams die „Straßentauglichkeit" ihres autonomen Fahrzeugs unter Beweis stellen. Dazu gibt es zwei Teildisziplinen mit unterschiedlichen Verkehrsszenarien, die autonom zu bewältigen sind: Beim *Freien Fahren* gilt es, den vorgegebenen Parcours so oft und so schnell wie möglich fehlerfrei zu durchfahren. Bei der *Hindernisfahrt* müssen zudem auf der Strecke befindliche, möglicherweise bewegliche Hindernisse überholt bzw. umfahren werden, und zum Abschluss muss in eine Parktasche eingeparkt werden. Die Strecke weist in beiden Teildisziplinen Abschnitte mit fehlender Straßenmarkierung und Kreuzungen auf, an denen die Rechts-vor-Links Regel beachtet werden muss. Die weißen Straßenmarkierungen weisen gegenüber der schwarzen Fahrbahn einen sehr guten Kontrast auf und die Beleuchtung ist so gestaltet, dass keine Lichtreflexionen auftreten. Manuelle Eingriffe während der autonomen Fahrt mithilfe einer Fernsteuerung sind zwar zulässig, sie sind aber nach Möglichkeit zu vermeiden, da sie eine Abwertung zur Folge haben. Dementsprechend handelt es sich hier um autonomes Fahren der Stufe 3 gemäß Klassifikation des BASt [2]. Der eigentliche „Carolo Cup" erweitert den „Basic Cup" um weitere Straßenszenarien. Hinzu kommen abbiegende Vorfahrtsstraßen, Beschilderungen (Vorfahrt Achten, Geschwindigkeitsbeschränkungen, Überholverbot), Engpässe mit Vorrangregelung und Zebrastreifen mit Fußgängern. Ausserdem ist die Strecke nicht mehr eben, stattdessen kommen Steigungen und Gefälle bis zu 10 % vor, die die Sicht des Fahrzeuges weiter einschränken.

1.2   Lehrveranstaltung „Wahlprojekt"

Die Lehrveranstaltung „Wahlprojekt" ist im fünften Fachsemester des Bachelor-Studiengangs „Angewandte Informatik" der Hochschule RheinMain angesiedelt und umfasst 15 Credit Points, entsprechend einem Zeitaufwand von ca. 450 Stunden pro Teilnehmer. Ziel der Veranstaltung ist die eigenständige Durchführung eines Projektes auf Basis einer vom Dozenten vorgegebenen Aufgabenstellung. Die Bearbeitung erfolgt in kleinen Gruppen von maximal 15 Studierenden, die sich selbstständig in Teilgruppen gliedern können. Neben der praktischen Tätigkeit müssen sich die Studierenden durch selbstständige Literaturarbeit in die Projektinhalte einarbeiten sowie eine umfassende Projektdokumentation verfassen. Zusätzlich dazu wird zum Ende des Semesters eine Abschlusspräsentation und ein Fachgespräch abgehalten. Neben der Erarbeitung der fachlichen Inhalte ist auch das Projektmanagement Aufgabe der Studierenden. Dazu wird eine wöchentliche Vorlesung sowie ein Soft Skill Seminar angeboten. Der betreuende Dozent tritt als Auftraggeber auf und steht den Studierenden beratend zur Verfügung. Ein Eingriff durch den Dozenten sollte hierbei nur in Notfällen erfolgen. Im Wintersemester 2017/2018 wurde erstmalig ein Wahlprojekt mit dem Thema „Autonomes Modellfahrzeug" angeboten, dessen Ziel die Konstruktion und Programmierung eines Modellfahrzeugs mit in Aussicht gestellter Teilnahme am Carolo Cup war.

2   Vorarbeiten

Zur Vorbereitung des Wahlprojekts wurden zwei Bachelor-Arbeiten zur Entwicklung des grundlegenden Konzepts durchgeführt. Daneben erwies sich eine in einem Masterprojekt entwickelte Systemarchitektur als geeignet für das Projekt. Auf beides soll in diesem Abschnitt kurz eingegangen werden.

2.1   Vorbereitende Bachelor-Arbeiten

Vor der Entscheidung, ein Wahlprojekt anzubieten, wurden zwei Bachelor-Arbeiten durchgeführt, um die Machbarkeit der Lehrveranstaltung zu untersuchen. In der ersten Arbeit [3] wurde ein Prototyp des Modellfahrzeugs entwickelt. Als mechanische Basis wurde ein im Fachhandel erhältliches Fahrzeugchassis mit Elektroantrieb im Maßstab 1:10 verwendet. Es besitzt bereits eine 2-Kanal-Funkfernsteuerung, einen Leistungsregler für den Motor und einen Lenkservo.

Beide Aktoren werden, wie bei solchen Modellen üblich, mit PWM-Signalen des Fernsteuerempfängers angesteuert. In der Arbeit wurde dieses Modell mit weiteren Sensoren ausgestattet. Zur Steuerung wurde ein „STM32F4 Discovery" Microcontroller eingebaut, der weitere integrierte Beschleunigungs- und Drehraten-Sensoren besitzt. Dieser Controller wurde zwischen den Fernsteuerempfänger und die Aktoren geschaltet. Er analysiert die PWM-Signale des Empfängers und generiert seinerseits eigene PWM-Signale für die Aktoren. Damit kann die Kontrolle über das Fahrzeug sowohl von der Fernsteuerung als auch vom Rechner ausgeübt werden. Die Software dieses als „Low-Level-Rechner" bezeichneten Microcontrollers arbeitet unter dem Echtzeitbetriebssystem FreeRTOS. In einer zweiten Bachelor-Arbeit [4] wurde darauf aufbauend eine Verarbeitungs-einheit hinzugefügt, um das Modellfahrzeug autonom zu steuern. Dazu wurde ein Raspberry Pi Computer verwendet, der unter Linux arbeitet. Er ist mit dem „Low-Level-Rechner" über eine serielle Schnittstelle verbunden und kann diesem Sollwerte für Geschwindigkeit und Lenkwinkel vorgeben sowie aktuelle Sensorwerte auslesen. Für diese Kommunikation wurde ein geeignetes Protokoll entwickelt. Der Raspberry Pi ist zudem mit einer Kamera ausgestattet. Im Rahmen einer Performance-Evaluation zeigte sich, dass der ursprünglich – nicht zuletzt aus Kostengründen – gewählte Raspberry Pi nicht genügend Rechenleistung bieten würde, um die Bildverarbeitungsaufgaben sowie ein mögliches Neuronales Netz zu bewältigen. Zudem wurde die serielle Verbindung zwischen dem „Low-Level-Rechner" und dem Raspberry Pi als Flaschenhals mit zu geringer Bandbreite identifiziert. Um zu Beginn des Wahlprojekts eine tragfähige Plattform mit ausreichenden Reserven verfügbar zu haben, wurde daher ein Redesign der Hardware ins Auge gefasst.

2.2   Verbesserung der Plattform

Hierzu konnte auf Erfahrungen eines kurz zuvor abgeschlossenen Projektes im Masterstudiengang Informatik aufgebaut werden. Bei diesem Projekt ging es ursprünglich um einen Quadrocopter, der auf Basis eines in der Hochschule entwickelten Tracking Systems [5] autonom gesteuert wird. Die Steuerungssoftware läuft dabei unter Linux auf einem leistungsfähigen Cortex-A5-Prozessor. Dieser verarbeitet die Bilder einer über USB angeschlossenen Kamera und steuert die Flugrichtung des Quadrocopters. Die Lagestabilitäts-Software läuft hingegen unter dem Echtzeitbetriebssystem FreeRTOS auf dem kleineren Cortex-M4. Beide Prozessoren sind auf einem einzigen Chip, einem sogenannten „hybriden" Microcontroller integriert. Zur Kommunikation zwischen den beiden Prozessoren kann daher ein Shared Memory Segment und ein CPU-zu-CPU Interrupt zur Signalisierung verwendet werden. Im Projekt wurde unter anderem ein Hardware Abstraction Layer („HAL") für FreeRTOS geschaffen [6], durch den die Anwendungssoftware portabel gehalten werden kann. Im Ergebnis der beiden Arbeiten stand somit eine Plattform zur Verfügung, die die Anforderungen des Carolo Cup im Prinzip erfüllen kann. Diese Grundlage sollte dem Wahlprojekt aus Ausgangsbasis dienen.

3 Erste Durchführung der Lehrveranstaltung

3.1 Zur Verfügung gestelltes Basissystem

In der Vorbereitung der Lehrveranstaltung wurde das im vorigen Kapitel beschriebene Fahrzeugkonzept übernommen. Der entwickelte Prototyp wurde jedoch zunächst bzgl. Hardware und Software bereinigt, um eine einfachere Benutzung für die Studierenden zu ermöglichen. Diverse Elektronikkomponenten (STM32F4 Discovery-Board, Raspberry Pi, WLAN Access Point) waren behelfsmäßig mit Kabelbindern fixiert und die Stromversorgung bestand aus drei Linear-Reglern mit entsprechender Verlustleistung. Diese Konstruktion wurde mithilfe maßgefertigter Bauteile aus einem 3D-Drucker und einer neuen Trägerplatine aufgeräumt und verbessert. Die Kombination aus STM32F4 Discovery-Board und Raspberry Pi wurde durch ein Beagleboard-X15 ersetzt. Dieses Board verwendet den Microcontroller TI AM57xx, der vom Hersteller explizit für Anwendungen im Bereich des autonomen Fahrens konzipiert wurde. Durch die Integration unterschiedlich leistungsfähiger Prozessoren auf einem Chip kann das Konzept mit einem „Low-Level-Prozessor" für die Ein-/Ausgabe und einem leistungsfähigen Rechner für Bildverarbeitung und autonomes Fahren beibehalten werden, wobei sich zugleich der Datenaustausch zwischen den Prozessoren über Shared Memory deutlich einfacher und effizienter gestaltet. Der Zugriff auf Speicher und auch Hardwarekomponenten lässt sich mithilfe der integrierten MMUs schützen, sodass die einzelnen Prozessoren nicht fälschlicherweise auf Hardware oder Speicher zugreifen können, die ihnen nicht zugeordnet sind. Interrupts können sehr flexibel an die vorhandenen Prozessoren verteilt werden. Das endgültige Modellfahrzeug bestand im ersten Veranstaltungsjahr aus der oben genannten Plattform mit folgender Sensorik:

- vier Raddrehzahlsensoren auf Basis einer Reflexlichtschranke (ITR8307) und am Rad installierter Strichscheibe
- zwei Ultraschallsensoren (SEN-US01) vorne und hinten am Fahrzeug
- einem binären Infrarot-Seitenabstandssensor (GP2Y0D21YK0F)
- drei Buttons zur Funktionsauswahl (Parken, Fahren ohne Hindernisse, Fahren mit Hindernissen)
- einem Modellbau-Fernsteuerungsempfänger
- einem ansteckbaren WLAN-Transceiver für Debugging und Test
- einem Beschleunigungssensor (MPU9250)
- einem Drehratensensor (MPU9250)
- einem Magnetfeldsensor (MPU9250) (derzeit nicht verwendet)
- einer Kamera (AM57xx EVM Camera Board)

Zusätzlich wurde neue Software für das Fahrzeug entwickelt, die auf dem in Abschnitt 2.2 erwähnten HAL für FreeRTOS basiert. Die Motorsteuerungssoftware übernimmt hierbei die Aufgabe, die Sensoren auszuwerten und den Motor anzusteuern. Die bereitgestellte Linux-Softwarebibliothek ermöglicht es, das Fahrzeug zunächst von der Linux-Seite aus zu steuern. Diese Bibliothek abstrahiert die Kommunikation auf Basis von Datenstrukturen im Shared Memory Segment.

Das eingesetzte Linux-System wurde mithilfe von Yocto [7] erzeugt und enthält die spezifischen Pakete des Chip-Herstellers. Da Yocto die üblichen Paketverwaltungen wie RPM oder den Debian Paket Manager verwendet, ist es sehr komfortabel möglich, Aktualisierungen des Systems über WLAN einzuspielen. Hierfür wurde eigens ein Debian Mirror auf einer hochschulinternen Seite aufgesetzt. Yocto stellt zusätzlich auch Cross Toolchains zur Verfügung, die genau auf das System abgestimmt sind. Damit kann neue Software wahlweise entweder direkt auf dem Fahrzeug oder auf einer Workstation kompiliert werden. In diesem Zustand wurde das Modellfahrzeug für das Wahlprojekt bereitgestellt.

3.2   Ablauf und Betreuung

Ziel der Studierenden im ersten Jahr war eine Spezialisierung der gegebenen Software-Architektur für das autonome Fahren. Hierbei hatte sich das Team, bestehend aus insgesamt 14 Studierenden, auf drei Teilprojekte verteilt: (1) System: Hardware-Entwicklung und Regelungstechnik, (2) Bildverarbeitung: Implementierung von Bildverarbeitungsalgorithmen und (3) Entwurf einer zustandsbasierten autonomen Steuerung. Die Einteilung der Aufgaben erfolgte im Wesentlichen durch die Studierenden selbst. Es wurden lediglich Anregungen gegeben, wie der spätere Aufbau der Software sein könnte. Weiterhin wurde ein Repository im Hochschuleigenen GitLab angelegt, für das nur der Projektleiter des Teams und die Dozenten Schreibrechte hatten. Die anderen Team-Mitglieder arbeiteten, wie in Open-Source-Projekten üblich, auf einer eigenen Kopie des Repositories und beantragten die Annahme ihrer Änderungen durch einen „Merge Request". Durch wöchentliche Meetings wurde der Fortschritt der Projektgruppe durch den Dozenten überwacht, ohne den Freiraum der Studierenden zu stark einzuschränken.

3.3   Ergebnisse

System Im Teilprojekt „System" wurden verschiedene hardwarenahe Entwicklungen in mehreren Unterprojekten durchgeführt: (1) Erweiterung der Motorsteuerungssoftware, (2) Erweiterungen der Shared Library, (3) Logging / Telemetrie der Sensordaten. Die Motorsteuerungssoftware wurde um einen PID-Regler für die Fahrgeschwindigkeit erweitert. Das PWM-Signal bestimmt die Motor**leistung** und damit nur indirekt die gefahrene Geschwindigkeit. Das Reglement des Carolo Cup macht aber genaue Geschwindigkeitsangaben: Beispielsweise darf das Fahrzeug beim Fahren unter Fernsteuerungskontrolle maximal eine Geschwindigkeit von einem Meter pro Sekunde haben. Der PID-Regler hat die Aufgabe, die mithilfe der Radsensoren erfasste Fahrgeschwindigkeit auf einen über die Fernsteuerung bzw. vom Rechner vorgegebenen Sollwert zu regeln. Der Regler wurde auf dem „Low-Level-Rechner" implementiert. Auf Linux-Seite wurde die Shared Library um einen Algorithmus zur ressourcensparenden Erfassung von Bildern mithilfe von Video4Linux erweitert. Weiterhin wurden Funktionen zur Interprozesskommunikation bereitgestellt. Zusätzlich wurde ein Logging- und Telemetriesystem entwickelt, das die Sensordaten des Fahrzeuges aufzeichnet, um sie live zu betrachten oder später auswerten zu können.

Bildverarbeitung Im Teilprojekt „Bildverarbeitung" wurde ein Subsystem zur Bildanalyse geschaffen. Es wurde versucht, mithilfe eines Sobel-Kantendetektors [10] und der Fast Hough-Transformation für Linien [11] Straßenlinien zu finden und ihre Position zu ermitteln. Hierbei ergaben sich mehrere Probleme.

(a)   (b)   (c)   (d)

Abb. 1. Beispiel Bilder für die Linienerkennung

Ausgehend vom Ergebnis der Kantendetektion (siehe Abbildungen 1(a) und 1(b)) sollten die Randlinien der Straße mithilfe der Hough-Transformation ermittelt werden. Der vom Fahrzeug anzusteuernde Zielpunkt wäre dann einfach der „Fluchtpunkt", d. h. der Schnittpunkt dieser Geraden. Die Hough-Transformation hat die Eigenschaft, Punkte zu identifizieren, die auf einer Geraden liegen, und zwar auch dann, wenn diese nicht zusammenhängend sind. Dies ist am Beispiel in Abbildung 1(c) gut zu erkennen: die eingezeichneten roten Linien sind die mithilfe der Hough-Transformation ermittelten Geraden. Diese überdecken mit guter Genauigkeit die beiden Randbegrenzungslinien (rechts) und auch die Mittellinie (links) aus Abbildung 1(a), obwohl diese unterbrochen ist. Bei Kurven hoffte man, wenigstens Tangenten an diesen gekrümmten Linien finden zu können bzw. im Hough-Raum charakteristische Muster solcher gekrümmten Linien identifizieren zu können. Dies erwies sich jedoch als nicht praktikabel. Wie Abbildung 1(d) zeigt, wurden Störquellen wie z. B. andere Gegenstände im Raum oder Wände fälschlicherweise als Straßenlinien erkannt, während die gekrümmten Linien, vor allem bei engen Kurven, nur noch teilweise oder gar nicht mehr erkannt wurden.

Zustandsbasierte autonome Steuerung In diesem Teilprojekt wurden die Linieninformationen aus der Bildverarbeitung zusammen mit den anderen Sensordaten in einem Zustandsautomaten verarbeitet. Daraus wurden ein Lenkwinkel und eine Zielgeschwindigkeit festgelegt, die dann von der Motorsteuerungssoftware umgesetzt werden. Für den Hindernis-Modus wurde ein komplexerer Zustandsautomat aus 4 Zuständen, 10 Übergängen mit 7 Prädikaten über 5 Variablen realisiert. Die Hinderniserkennung wurde hierbei ausschließlich mithilfe der Abstandssensoren realisiert. Dies führte wiederum zu Fehlern, da die verwendeten Ultraschallsensoren einen kegelförmigen Öffnungswinkel besitzen und es daher nicht möglich ist, zu erkennen, ob ein Objekt sich neben oder auf der Fahrspur befindet. Eine kamerabasierte Erkennung wurde diskutiert, aber aus Zeitgründen nicht implementiert. Weiter wurde versucht, die mangelhafte Erkennung des Mittelstreifens zu kompensieren, indem anhand von Kalibierungsdaten, die beim Start erzeugt werden, der Abstand zwischen beiden Linien bestimmt wird und dieser dann benutzt wird, um die fehlende Linie zu rekonstruieren.

Neben dem Fahren wurde ein Zustandsautomat für das Einparken implementiert. Auch dieser kommt ohne die Informationen aus der Bildverarbeitung aus, was allerdings bedingt, dass das Fahrzeug manuell in einem definierten Abstand und Winkel auf der Straße positioniert werden muss. Unter dieser Vorbedingung ist das Fahrzeug aber in der Lage, sich automatisch die kleinste noch passende Lücke zu suchen und dort einzuparken.

3.4 Lernfortschritt und Fazit

Die erste Durchführung des Wahlprojekts kann durchaus als Erfolg gewertet werden. Am Ende des Semesters war es möglich, eine nicht zu enge Kurve zu fahren, einzuparken und zu überholen. Die 14 Studierenden teilten sich in drei Gruppen ein (System, zustandsbasierte autonome Steuerung und Bildverarbeitung), einer von ihnen übernahm zusätzlich das Projektmanagement. Mit der Systemsoftware als zentraler Komponente gab es starke Abhängigkeiten zwischen der System-Gruppe und den anderen Gruppen, was sich in verstärktem Druck auf die System-Gruppe äußerte. Dies zeigte sich insbesondere gegen Ende des Semesters, als ein ausgiebiges Testen durch hardwarebedingte Verzögerung nicht möglich war. Das Feedback der Studierenden ergab, dass sie ihre Konzepte aufgrund der späten Testmöglichkeit und der dadurch geringen verbleibenden Zeit nicht überarbeiten konnten. Diese Erfahrung zeigt, dass in Zukunft bessere Möglichkeiten geschaffen werden müssen, Teile des Systems frühzeitig, etwa durch Simulation, testen zu können und die einzelnen Teilprojekte somit besser zu entkoppeln. Die Erfahrungen aus dieser ersten Iteration des Wahlprojekts wurden genutzt, um die Veranstaltung für das Wintersemester 2017/18 weiter zu entwickeln.

4 Zweite Durchführung der Lehrveranstaltung

4.1 Verbesserung der Hardware

Zur Beseitigung von Beschädigungen und Problemen der Hardware wurde diese für das Wintersemester 2017/18 geringfügig abgeändert. So bereiteten beispielsweise die eingesetzten Raddrehzahlsensoren wegen mangelhafter mechanischer Befestigung Probleme. Auch wies die Kamera infolge der mechanischen Belastung und langen Lagerung Fehler auf (keine Verbindung zum Kamera-Chip). Daraufhin wurde diese gegen eine kleine USB-Industriekamera ersetzt (DMM 22BUC03-ML). Neben diesen Hardware-Änderungen wurde Yocto gegen eine neuere, stabilere Version ausgetauscht und OpenCL-Compiler, -Tools und -Bibliotheken zur Verfügung gestellt, um die DSPs des Chips auf der Linux-Seite verwenden zu können. Auf den DSPs läuft das TI-Betriebssystem SysBIOS mit einem OpenCL-Monitor, der die von der Software übertragenen OpenCL Kernel ausführt und eine Kommunikationsschnittstelle und Überwachungsfunktionen bereitstellt. Ferner wurde die Möglichkeit geschaffen, alle vier Cortex-M4 Prozessoren zu nutzen. Dies war bislang nicht möglich, da die Prozessoren in zwei

Dual-Core-Clustern angeordnet sind und FreeRTOS keinen Multicore-Support besitzt. Hierzu wurde ein Bootloader hinzugefügt, der eine beliebige Binärdatei auf dem zweiten Core jedes Clusters starten kann.

4.2 Ablauf und Betreuung

Pflege und Instandhaltung der Hardware und der Motorsteuerungssoftware oblag in diesem Jahr vollständig dem Lehrpersonal. Ziel der Studierenden im zweiten Durchlauf der Veranstaltung war die Entwicklung einer autonomen Steuerungssoftware auf Basis von neuronalen Netzen und ein regelbasierter Navigationsansatz mittels Karten über ORB-SLAM [8]. Die Studierenden teilten sich wieder in drei Teilprojekte auf: (1) Bildverarbeitung: Ersetzung der Hough-Transformation, (2) Entwicklung und Evaluation eines neuronalen Netzes und eines PID-Reglers für das autonome Fahren sowie (3) Simultaneous Localization and Mapping (SLAM): Evaluation des SLAM-Verfahrens ORB-SLAM. Der formale Rahmen zur Durchführung der Lehrveranstaltung blieb zum Vorjahr unverändert.

4.3 Ergebnisse

Bildverarbeitung Das Teilprojekt Bildverarbeitung entwickelte Lösungen für die drei Bereiche (1) Vorfilterung der Bilder für das neuronale Netz, (2) schwerpunktbasiertes Tracking von Linien und (3) Algorithmus zur automatischen Korrektur der Lichtverhältnisse. Die Vorfilterung mithilfe eines Sobel-Filters wurde dabei aus dem vorhergehenden Jahr übernommen und optimiert. Für (2) wurde ein Verfahren zum verbesserten Finden der Straßenmarkierungen entwickelt. Dabei werden im durch den Kantenfilter vorverarbeiteten Bild vier kleine Ausschnitte (sog. „Regions of Interest", ROI) definiert, in denen jeweils die Flächenschwerpunkte ermittelt werden. Dann wird der neue Mittelpunkt der ROI auf den Flächenschwerpunkt verschoben, um so die ROI in der Bildfolge den gefundenen Flächen nachzuführen. Gleichzeitig wird sichergestellt, dass die vier ROIs einen gewissen Abstand zueinander haben und sich nicht überschneiden. Falls kein Schwerpunkt ermittelt werden kann (z. B. wenn die gesamte ROI ausschließlich schwarze Pixel enthält), wird angenommen, dass im aktuellen Bild keine Linie existiert. Die Mittelpunkte zweier übereinander liegender ROIs werden durch eine Gerade miteinander verbunden. Diese Gerade wird schließlich als erkannte Begrenzungslinie zusammen mit dem Kantenbild an die Regelung übermittelt. Dieses von den Studierenden selbstständig entwickelte ad-hoc Verfahren lieferte deutlich bessere Ergebnisse als die im Vorjahr verwendete Hough-Transformation.

Autonomes Fahren Das Teilprojekt teilte sich in zwei Bereiche auf: (1) die Steuerung des Fahrzeuges mithilfe eines PID-Reglers anhand der übermittelten Linieninformationen und (2) die Steuerung mithilfe eines Convolutional Neural Network (CNN). Aufgebaut wurde in diesem Teilprojekt auf der Zustandsmaschine des Vorjahrs. Der reglerbasierte Ansatz vom Vorjahr wurde weitgehend übernommen und verbessert, um ruckartiges Lenken zu minimieren und kleinere

Lenkabweichungen auszugleichen. Die Verwendung des beschriebenen schwer-punktbasierten Linien-Trackings und eines PID-Reglers erwiesen sich als gute Ansätze zur Steuerung des Fahrzeugs. In manchen Situationen jedoch wurden die Linien nicht korrekt erkannt, wodurch das System falsch regelte. Deshalb wurde neben einer reglerbasierten Lösung eine KI-basierte Lösung in Form eines Convolutional Neural Networks entwickelt und evaluiert. Als Framework wurde das Caffe Deep Learning Framework ausgewählt. Der Aufbau des Netzes war hierbei durch eine Veröffentlichung [9] inspiriert. Das fertige Netz besteht aus drei Convolutional Layern und einem „Fully Connected"-Netz mit drei Hidden Layern mit insgesamt 7 841 Neuronen und 773 511 Verbindungen. Es wurde dann mit ca. 15 000 Bildern trainiert, die zusammen mit den zugehörigen Lenkdaten bei Testfahrten mit der Fernsteuerung aufgezeichnet worden waren. Trainiert wurde auf einer Straße mit vier verschiedenen Kreuzungsszenarien, drei engen Kurven, einer abbiegenden Vorfahrtsstraße, verschiedenen langgezogenen Kurven und zwei geraden Strecken. Getestet wurde das Netz auf einer kleineren, nicht trainierten Strecke. Beide Strecken konnte es ohne Fehler durchfahren, was als Erfolg verbucht werden kann. Da die beiden Verfahren im Test jeweils eigene, unterschiedliche Stärken und Schwächen zeigten, wurde versucht, einen Entschei-dungsalgorithmus zu entwerfen, der es ermöglicht, beide Ansätze gleichzeitig zu nutzen und anhand vorher definierter Regeln zu entscheiden, welches System in einer vorliegenden Situation die zuverlässigeren Werte liefert.

ORB SLAM Ein weiteres Konzept, das im Ramen des Projektes evaluiert wurde, war die Erzeugung von Karten während der Fahrt. Die Idee ist hierbei, die Strecke in den ersten Runden aufzuzeichnen, dann eine Navigation über diese Karte durchzuführen und dabei den Fahrweg zu optimieren und die Rundenzei-ten zu verbessern. ORB-SLAM 2 [8] wurde hierbei als Verfahren vorgegeben. Hierbei stellte sich heraus, dass ORB-SLAM sich nur bedingt für diesen Zweck eignet, da für eine genaue Erkennung der Umgebung zu wenige Kanten auf der Straße vorhanden sind.

4.4 Lernfortschritt und Fazit

Insgesamt kann das Projekt als Erfolg gewertet werden. Als technisches Ergebnis kann das Fahrzeug stabil einen unbekannten Kurs fahren. Derzeit erkennt das Fahrzeug jedoch keine komplexeren Situationen wie beispielsweise Rechts-vor-Links-Kreuzungen, Vorfahrt oder Überholverbot. Die Projektarbeit zeigte, dass die Studierenden in der Lage waren, eigenständig Teilthemen herauszuarbeiten und basierend auf Vorwissen und Interesse aufzuteilen. Fehlende Kompetenzen, beispielsweise auf dem Gebiet der neuronalen Netze, wurden von den Studieren-den durch selbstständiges Literaturstudium erarbeitet und konnten erfolgreich umgesetzt werden. Interessant ist dabei, dass sich die Studierenden zu Beginn des Semesters gegen eine Teilnahme am Carolo Cup entschieden hatten, weil sie nicht erwarteten, in dem für sie unbekannten Gebiet der neuronalen Netze ausreichende Ergebnisse zu erzielen. Die Ergebnisse waren jedoch sehr zufrieden-stellend und zeigen somit, dass die Studierenden sich in dieser Hinsicht unter-schätzt haben. Dies könnte möglicherweise darauf zurückzuführen sein, dass sie bis dahin in ihrem Studium vorrangig Lernen durch Vorlesungen und Seminare und nur in geringerem Umfang durch eigene Literaturarbeit erfahren haben und es somit als größere Hürde ansahen.

5 Zusammenfassung

Die Lehrveranstaltung versucht, eine reale Projektsituation nachzuahmen. Dafür agiert der betreuende Dozent als Auftraggeber und steht den Studierenden lediglich als Berater zur Verfügung. Durch die eigenständige Koordination des Projektmanagements und den Nachweis der geleisteten Arbeitsstunden lernen die Studierenden eigenverantwortliches Arbeiten. Weiterhin üben sie durch die erforderliche Literaturarbeit das Lernen im Selbststudium. Neben der Arbeit in Gruppen und der dadurch erlernten Teamfähigkeit sammeln die Studierenden außerdem Erfahrungen in der Durchführung größerer Software-Projekte und erhalten somit eine gute Vorbereitung für das spätere Berufsleben. Die Evaluation der Studierenden bewertete die Lehrveranstaltung mit sehr gut, sodass sie im Wintersemester 2018/19, mit voraussichtlicher Teilnahme am Carolo Cup, erneut angeboten wird.

Literaturverzeichnis

1. Carolo Cup, Technische Universität Braunschweig, `https://wiki.ifr.ing.tu-bs.de/carolocup`
2. Automatisiertes Fahren, Bundesanstalt für Straßenwesen, `https://www.bast.de/BASt_2017/DE/Projekte/laufende/fp-laufend-f4.html`
3. Anforderungsanalyse, Entwurf und Entwicklung einer Plattform für ein autonomes Modellfahrzeug; Marcel Kneib; 2013; Hochschule RheinMain
4. Analyse und Erweiterung einer Plattform für ein autonomes Modellfahrzeug; Steffen Reichmann; 2014; Hochschule RheinMain
5. High-Speed and Robust Monocular Tracking; Tjaden H., Schwanecke U., Stein F. und Schömer E.; In: *Proceedings of the 10th International Conference on Computer Vision Theory and Applications – Volume 3: VISAPP*, (VISIGRAPP 2015) ISBN 978-989-758-091-8, pages 462–471; DOI: 10.5220/0005267104620471
6. Hardware Abstraction Layer für FreeRTOS `http://freertoshal.github.io`
7. Yocto Project `https://www.yoctoproject.org/`
8. ORB-SLAM `http://webdiis.unizar.es/~raulmur/orbslam/`
9. End to End Learning for Self-Driving Cars; M. Bojarski, D. Del Testa, D. Dworakowski, D. Firner, B. Flepp, P. Goyal, L. D. Jackel, M. Monfort, U. Muller, J. Zhang, X. Zhang, J. Zhao, K. Zieba; CoRR 2016- Volume abs/1604.07316; `http://arxiv.org/abs/1604.07316`
10. I. Sobel and G. Feldman, A 3x3 Isotropic Gradient Operator for Image Processing, Pattern Classification and Scene Analysis, 1973, pp. 271–272.
11. Li, Hungwen and Lavin, Mark A and Le Master, Ronald J, Fast Hough Transform: A Hierarchical Approach, Comput. Vision Graph. Image Process., 1986, pp. 139–161.

Automatische Evaluierung von Anforderungen bezüglich der Informationssicherheit für das zukünftige industrielle Netzwerkmanagement

Marco Ehrlich[1], Henning Trsek[2] und Jürgen Jasperneite[3]

[1] Institut für industrielle Informationstechnik (inIT)
Hochschule Ostwestfalen-Lippe, Langenbruch 6, 32657 Lemgo
marco.ehrlich@hs-owl.de
[2] rt-solutions.de GmbH, Oberländer Ufer 190a, 50968 Köln
trsek@rt-solutions.de
[3] Fraunhofer IOSB-INA, Langenbruch 6, 32657 Lemgo
juergen.jasperneite@iosb-ina.fraunhofer.de

Zusammenfassung. Die ganzheitliche Digitalisierung wirkt sich auch auf die Prozesse in der industriellen Produktionslandschaft aus. Die derzeitigen heterogenen Architekturen, bestehend aus drahtgebundenen und drahtlosen Technologien bzw. Protokollen, bringen neue Anforderungen an ein zukunftssicheres Netzwerkmanagement. Daher werden neue Ansätze zur Sicherstellung und Überwachung von *Quality of Service (QoS)* Parametern benötigt. Das eng damit verbundene Thema der Informationssicherheit ist in der Vergangenheit allerdings weitgehend ignoriert worden. Dennoch steigen die Aufmerksamkeit und das Interesse daran, da es vermehrt Berichte über sicherheitsrelevante Vorfälle, wie Industriespionage oder die gezielte Manipulation von industriellen Produktionssystemen, gibt. In diesem Bereich sind bereits verschiedene Standards und Richtlinien zur Absicherung industrieller Anlagen verfügbar, die jedoch hauptsächlich zyklisch, statisch und manuell durchgeführt werden müssen. Die vorgeschlagene Lösung bietet einen dynamischen, maschinenlesbaren, automatischen und zukunftssicheren Ansatz zur Modellierung und Verarbeitung von Anforderungen bezüglich der Informationssicherheit für das industrielle Netzwerkmanagement.

1 Motivation

Die Einführung von neuen Ansätzen, wie *Software-Defined Networking (SDN)*, *Network Function Virtualization (NFV)* oder dem Mobilfunk 5G, und die damit einhergehende Digitalisierung führen zu einem disruptiven Wandel innerhalb der industriellen Automation [1]. Diese gebündelten Entwicklungen unter dem Begriff Industrie 4.0 (I4.0) versprechen mehr Flexibilität, steigende Produktivität und eine erhöhte Qualität der Produkte mit der Losgröße eins, welche den Unternehmen zusätzliche Möglichkeiten für Dienste und Geschäftsmodelle bieten [2].

Gegensätzlich dazu stellt sich die aktuelle Situation im Bereich der industriellen Automatisierung dar. Die heutigen vorwiegend heterogenen Kommunikationsarchitekturen, die auch veraltete oder isolierte Systeme beinhalten, besitzen zeit- und ressourcenintensive Anforderungen hinsichtlich der Konfiguration, der Wartung und des Managements, welche spezialisiertes Expertenwissen voraussetzen [3]. Die aktuelle Entwicklung bewegt sich in die Richtung sogenannter Digitaler Zwillinge, welche virtuelle Abbildungen der physischen Welt darstellen. Dadurch können Prozesse und Informationen digitalisiert werden, um eine ganzheitliche Verarbeitung zu ermöglichen. Allerdings gibt es in diesem Bereich noch offene Fragestellungen bezüglich der Identifikation, der semantischen Modellierung und Interoperabilität, der *Quality of Service (QoS)* Parameter Beschreibung und der vernetzten Kommunikation [4].

Diese Entwicklungen in der Industrie müssen zwingend auch aus Sicht der Informationssicherheit betrachtet werden, denn es hat in der Vergangenheit immer häufiger sicherheitsrelevante Vorfälle (auch in der Industrie) gegeben: Stuxnet (2010), Havex (2014), WannaCry (2017) und NotPetya (2017) [5]. Darüber hinaus enthalten die heutigen Ethernet-basierten Protokolle keine Sicherheitsfunktionen, da sie früher nur in isolierten Systemen verwendet wurden [6]. Um die genannten Probleme zu lösen, ist ein ganzheitlicher Sicherheitsansatz erforderlich [7]. Aus diesem Grund entwickeln internationale Normungsgremien derzeit erste Konzepte, um die Unternehmen mit einer ausreichenden Basis an Standards zu unterstützen. Dazu zählt auch der IEC 62443 Standard, welcher die VDI/VDE 2182 Richtlinie, die ISO/IEC 27000 Serie und weitere Standards vereinheitlicht, um eine sichere Entwicklung und Implementierung von Produkten und Systemen, sowie den sicheren Betrieb von Anlagen zu gewährleisten [8]. Die meist zyklisch, statisch und manuell angewandten Standards stehen allerdings im Gegensatz zu den dynamischen Anforderungen für die zukünftigen industriellen Kommunikationsnetzwerke und deren Konfiguration und Management.

Daher ist es derzeit eine der Hauptaufgaben für die Industrie ein automatisiertes und sicheres Netzwerkmanagement zu entwickeln. Es fehlen jedoch einheitliche Modellierungs- und Beschreibungsansätze, die sich auch interoperabel und technologieunabhängig benutzen lassen, um die Anforderungen bezüglich der Informationssicherheit quantitativ darzustellen. Dies wird benötigt, um die Anforderungen von den industriellen Anwendungen und die Fähigkeiten der Netzwerkkomponenten des Kommunikationsnetzes zu beschreiben und vergleichbar zu machen. Daher werden in diesem Beitrag die verfügbaren Konzepte und Standards im Bereich I4.0 zur Modellierung der Informationssicherheit analysiert, um den aktuellen Stand in diesem Bereich darzustellen. Die Ergebnisse der Recherche werden verwendet, um ein Konzept für eine *Unified Security Modelling Metric (USMM)* zu erstellen [9], [10]. Der weitere Text ist folgendermaßen gegliedert: In Kapitel 2 werden die Referenzarchitektur in diesem Bereich und Ansätze für eine sichere bzw. standardisierte industrielle Kommunikation untersucht. Kapitel 3 zeigt den erarbeiteten konzeptionellen Lösungsansatz für die USMM und evaluiert die bisherigen Ergebnisse. Kapitel 4 fasst die gesamten Inhalte zusammen und gibt einen Ausblick auf zukünftige Arbeiten.

2   Stand der Technik

2.1   Referenzarchitekturmodell Industrie 4.0

Um den steigenden Anforderungen der Entwicklungen im Rahmen der I4.0 gerecht zu werden und die etablierte Automatisierungspyramide weiterzuentwickeln, entwickelt die deutsche Plattform Industrie 4.0 in Zusammenarbeit mit verschiedenen globalen Unternehmen, Industrieverbänden und Forschungsinstituten das Referenzarchitekturmodell Industrie 4.0 (RAMI4.0) im Rahmen der DIN SPEC 91345 [11]. RAMI4.0 besteht aus einer dreidimensionalen Struktur (Lebenszyklus & Wertschöpfungskette, Hierarchielevel und Architekturebenen), welche dazu verwendet wird, um *Assets* an jedem Punkt ihres Lebenszyklus und in jedem möglichen Zustand zu beschreiben. Ein *Asset* ist ein eindeutig identifizierbarer Vermögenswert, wie eine Komponente, eine Software, ein Archiv, eine Idee, ein Konzept oder sogar Wissen selbst, welcher einen bestimmten Wert für ein Unternehmen darstellt. Nach dem RAMI4.0 wird jedes *Asset* durch eine virtuelle, digitale und aktive Verwaltungsschale repräsentiert, die als Digitaler Zwilling fungiert. Die Architekturebenen (Geschäftsprozesse, Funktionen, Informationen, Kommunikation, Integration und Asset) repräsentieren die Merkmale und die innere Zusammensetzung eines Assets mit seinen Funktionen bzw. funktionsspezifischen Informationen. Die zweite Achse (Lebenszyklus & Wertschöpfungskette) verwendet den bereits veröffentlichten Standard IEC 62890, um ein *Asset* zu einem bestimmten Zeitpunkt und Ort zu charakterisieren. Die Achse der Hierarchielevel basiert auf den Normen IEC 62264 und IEC 61512, um *Assets* im Kontext einer realen Produktionsanlage zu modellieren. Das Gesamtkonzept von RAMI4.0 ist zusammenfassend in Abbildung 1 dargestellt.

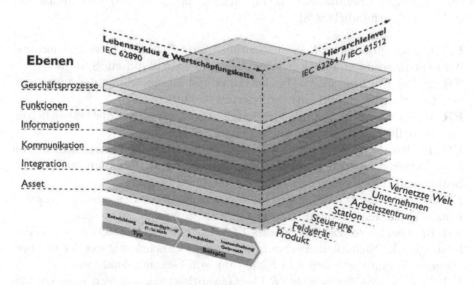

Abb. 1. Referenzarchitekturmodell Industrie 4.0 [11]

2.2   Standards für die Informationssicherheit

Im Bereich der Informationssicherheit arbeiten verschiedene Normungsgremien weltweit an der Entwicklung von Richtlinien und Standards. Dabei ist die IEC 62443 zurzeit der wichtigste Industriestandard für industrielle Kommunikationssysteme und sogenannte *Industrial Automation and Control Systems (IACSs)*, da er viele Ansätze, wie zum Beispiel die VDI/VDE 2182 Richtlinie und die ISO/IEC 27000 Serie, vereint und kombiniert. Der Standard beschreibt mögliche Bedrohungen und Angriffe in Bezug auf die Informationssicherheit in einem vierstufigen Skalierungssystem, in dem jede Stufe als *Security Level (SL)* bezeichnet wird. *SL1* bietet Schutz vor zufälligen Angriffen, *SL2* bietet Schutz vor absichtlichen Angriffen mit einfachen Mitteln, *SL3* schützt vor absichtlichen Angriffen mit ausgeklügelten Mitteln und schließlich wird *SL4* durch Schutz vor absichtlichen Angriffen mit ausgeklügelten Mitteln und erweiterten Ressourcen beschrieben [8]. Generell unterscheidet man drei Arten von *SLs*: *Target Security Level (SL-T)* als gewünschtes Ziel der Informationssicherheit für ein neues System, *Capability Security Level (SL-C)*, die ausgewählte Komponenten in einer Implementierung bereitstellen können, und *Achieved Security Level (SL-A)* als Ergebnis der Zusammenstellung von ausgewählten Komponenten [8].

Die Entwicklungen der letzten Jahre zeigen auch, dass die benötigten Ressourcen für aufwändige Angriffe insgesamt immer weiter schrumpfen. Es ist sogar schon möglich, schadhafte Software im Darknet zu kaufen, dem versteckteren Teil des öffentlichen Internets. Die *SLs* wurden daher so entworfen, dass sie die Motivation und die Ressourcen eines möglichen Angreifers in Betracht ziehen und bewerten, was als eine zukunftssichere Definition angesehen wird. Der Standard beschreibt weiter sieben sogenannte *Foundational Requirements (FRs)*, welche auf mehreren *System Requirements (SRs)* basieren, die eine abstrahierte Sicht auf die allgemeinen Schutzziele (Verfügbarkeit, Integrität und Vertraulichkeit) in der Industrie ermöglichen [8].

- **FR 1:** *Identification and Authentication Control (IAC)* - Identifikation und Authentifizierung von allen Nutzern vor dem Zugriff auf ein System.
- **FR 2:** *Use Control (UC)* - Durchsetzung und Überwachung der zugewiesenen Berechtigungen von authentifizierten Nutzern.
- **FR 3:** *System Integrity (SI)* - Sicherstellung der Integrität der gespeicherten und modellierten Informationen auf einem *IACS*.
- **FR 4:** *Data Confidentiality (DC)* - Gewährleistung der Vertraulichkeit von Informationen auf den Kommunikationskanälen und Datenbanken bzw. der Schutz von Daten vor der unbefugten Veröffentlichung.
- **FR 5:** *Restricted Data Flow (RDF)* - Unterteilung des Systems in *zones* und *conduits*, um keine redundanten Datenflüsse entstehen zu lassen.
- **FR 6:** *Timely Response to Events (TRE)* - Korrekte Reaktionen auf Verletzungen der Sicherheitsmechanismen durch Benachrichtigung der entsprechenden Verantwortlichen und Einleitung von Gegenmaßnahmen.
- **FR 7:** *Resource Availability (RA)* - Gewährleistung der Verfügbarkeit des Systems und der beinhalteten Informationen.

Die Grundlage des vorgestellten Standards ist immer eine Risikoanalyse [8]. Ziel ist es, Risiken und deren Auswirkungen zu identifizieren und eine Segmentierung des Systems in *zones* und *conduits* zu definieren. Mit der Einarbeitung in die zu beschützenden Prozesse werden die Schutzziele zur Minimierung der Risiken festgelegt. Dieser Schritt ist projektspezifisch und erfordert immer Ressourcen aller beteiligten Interessengruppen. Die Unterteilung des Netzwerks wird benötigt, um mögliche Schäden auf einen bestimmten Teil des Gesamtsystems zu begrenzen. Das Ergebnis ist eine unterteilte Architektur und die Definition des *SL-T*. Als Reaktion darauf konfiguriert der Systemintegrator ein System basierend auf verfügbaren Komponenten und Technologien. Es wird versucht den *SL-T* so weit wie möglich zu erreichen. Reicht dies nicht aus, werden zusätzliche Maßnahmen, sogenannte kompensierende Gegenmaßnahmen, ergriffen, die das Schutzniveau weiter erhöhen. Können die vorhandenen *SL-A* die Anforderungen des *SL-T* nicht erfüllen, muss der Betreiber die verbleibenden Risiken akzeptieren oder durch weitere Maßnahmen und Ressourcen kompensieren [8].

3 Konzeptioneller Lösungsansatz

3.1 Unified Security Modelling Metric

Dieses Kapitel dient als Einführung in die derzeit laufende Konzeptionsphase der gewünschten USMM für das zukünftige industrielle Netzwerkmanagement [10]. Der Fokus wird auf die Verwaltungsschale mit den spezifizierten *Submodels* gelegt. Diese *Submodels* werden benutzt, um verschiedene Bereiche der *Assets* zu beschreiben. Typische Beispiele sind dort Konfiguration, Kommunikation, Energieeffizienz, Safety oder Engineering [13]. Das benötigte *Submodel: Security* soll für die Speicherung von Informationen, Parametern, Fähigkeiten, Anforderungen und allgemeinen Merkmalen bezüglich der Informationssicherheit ausgelegt werden. Typische Beispiele für diese Daten sind Identitäten, Schlüssel für die Verschlüsselung und Entschlüsselung, die Rechte- und Rollenmodellierung, Zertifikate oder technologie- bzw. protokollspezifische Parameter und Eigenschaften aus der Industrie, wie zum Beispiel OPC UA oder PROFINET [6].

Das Ergebnis wird eine USMM sein, die etablierten Standards, Designprinzipien und Richtlinien folgt. Erste Ergebnisse für die Implementierung innerhalb der Verwaltungsschale liefert die deutsche Plattform Industrie 4.0 bereits in ihrem aktuellen Arbeitspapier [13]. Ein typischer Engineering Anwendungsfall dient als Grundlage für den konzeptionellen dreiteiligen Prozess: Festlegung der grundlegenden Anforderungen, wie Identitäten, Benutzer, Rollen, Kommunikationsparameter oder Ereignisprotokollierung, der Vergleich dieser Anforderungen mit den verfügbaren Fähigkeiten zum Beispiel mit dem IEC 62443 Standard und die endgültige Zusammensetzung aller beteiligten Komponenten in ein funktionierendes System. Die Gesamtstruktur wird in Abbildung 2 zusammengefasst. Die in der Verwaltungsschale gespeicherten Informationen werden als Fähigkeitsprofile der zugrunde liegenden Netzwerkkomponenten (Bottom-Up) und Anwendungsanforderungen (Top-Down) verwendet, um den Vergleich und die Berechnungen für den zentralen Netzwerkcontroller durchzuführen [11].

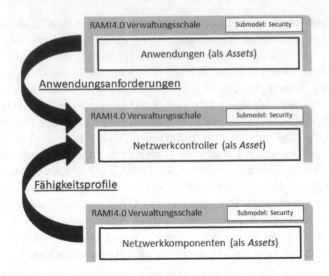

Abb. 2. Konzept der USMM in Kombination mit der RAMI4.0 Verwaltungsschale

Um die Entwicklung der USMM zu evaluieren, werden zum aktuellen Zeitpunkt die folgenden zu erfüllenden Eigenschaften definiert, welche in den zukünftigen Arbeiten noch weiter verfeinert werden können [9], [10], [12]:

- **Granularität:** Sicherheitsmetriken sollten alle möglichen internen Systemzustände mit den jeweiligen Attributen und Werten repräsentieren.
- **Verfügbarkeit:** Die Metrik sollte für die beteiligten Interessengruppen auf einfache und effiziente Weise zur Verfügung stehen.
- **Kosteneffizienz:** Die benötigten Ressourcen wie beispielswise Rechenkapazität sollten kosteneffizient sein, da die Vorteile einer Anwendung die zusätzlichen Kosten rechtfertigen müssen.
- **Lokalisierung:** Es wird eine Sicherheitsmetrik mit eindeutig definierten Attributen, Wertebereichen und dazugehörigen Interpretationen benötigt.
- **Validierung:** Eine validierte Metrik ist für den richtigen Entscheidungsprozess unerlässlich. Daher muss der Systemzustand korrekt dargestellt und kontinuierlich überprüft werden.
- **Flexibilität:** Die Konzepte müssen dynamisch und anpassungsfähig gegenüber den bevorstehenden häufigen Veränderungen von Netzwerkarchitekturen während der Laufzeit sein.
- **Automatisierung:** Prozesse in Bezug auf die Konfiguration sollten automatisiert werden, um die Verwendung ohne zusätzlichen Engineering-Aufwand von Experten zu ermöglichen.
- **Maschinenlesbarkeit:** Es werden maschinenlesbare Datenformate und Modellierungssprachen mit der Unabhängigkeit von Plattformen, Software und Betriebssystemen benötigt.
- **Zukunftssicherheit:** Es besteht Bedarf an zukunftssicheren Ansätzen, die in der Lage sind, sich auf neue Netzwerktechnologien, Lösungen und Systeme einzustellen.

3.2 Fähigkeitsprofile und Anwendungsanforderungen

Dieses Kapitel stellt eine erste Umsetzung zur späteren Evaluierung der gewünschten USMM beispielhaft dar. Der IEC 62443 Standard mit den sieben *FRs* wird für die automatische und maschinenlesbare Modellierung der Informationssicherheit zusammen mit den vier *SLs* genutzt. Für die Kategorie der Fähigkeitsprofile wird das weit verbreitete (als de-facto I4.0 Kommunikationsstandard) OPC UA Standard Server Profil genutzt und für die Anwendungsanforderungen wird der Anwendungsfall des *Augmented Reality Worker* aus dem zugrundeliegenden Forschungsprojekt herangezogen [14]. Dieser Anwendungsfall zeigt eine moderne Arbeitsweise in der Industrie, wobei der Arbeiter durch eine *Augmented Reality (AR)* Brille unterstützt wird, um die Interaktion mit den Produktionsprozessen zu vereinfachen. Für die Beschreibung der OPC UA Sicherheitsmechanismen werden die originalen Bezeichnungen aus der Spezifikation benutzt, um die Inhalte nicht zu verfälschen. Tabelle 1 zeigt die Bewertung der beiden Beispiele nebeneinander anhand der entwickelten Sicherheitsmetrik mit dem erarbeiteten *SL* und der entsprechenden Begründung aus der Spezifikation.

Tabelle 1. Modellierung des OPC UA Standard Server Profil [9], [10]

OPC UA	SL	FR	SL	Augmented Reality Worker
User Identity Tokens *Application Instance Certificates* *Software Certificates*	4	1	2	Identifikation und Authentifizierung Nur Lesezugriff auf die Prozessdaten
User Identity Tokens Rechte- und Benutzerverwaltung	3	2	3	Absicherung gegen Rechteeskalation Benutzer- und Rechteverwaltung
Sym. Verschlüsselung *(HmacSha1)* Asym. Verschlüsselung *(RsaSha1)*	2	3	2	Integrität der Prozessdaten, Ressourcenbeschränkte Verschlüsselung
Sym. Verschlüsselung *(Aes128)* Asym. Verschlüsselung *(Rsa15)*	2	4	2	Vertraulichkeit der Prozessdaten, Ressourcenbeschränkte Verschlüsselung
Application Instance Certificates *Software Certificates*	3	5	3	Management von Funkverbindungen Daten zur Positionslokalisierung
Nicht vorhanden bzw. bewertbar	1	6	1	Nicht vorhanden bzw. bewertbar
Message Flooding Minimierung	2	7	1	Verfügbarkeit von Prozessdaten Keine Echtzeit QoS Anforderungen

3.3 Evaluierung

Die beiden vorgestellten Beispiele können für eine erste Evaluierung herangezogen werden. Tabelle 2 zeigt die in Kapitel 3.1 spezifizierten Eigenschaften der zukünftigen *USMM*, die Bewertung und die jeweilige Begründung. Dabei wird ein dreiteiliges Bewertungssystem benutzt: ✓ entspricht einer Erfüllung dieser Eigenschaft, (✓) steht für eine teilweise Unterstützung dieser Eigenschaft und ✗ bedeutet, dass diese Eigenschaft noch nicht unterstützt wird.

Tabelle 2. Eigenschaften und Auswertung des OPC UA Beispiels [10], [12]

Eigenschaften	Bewert.	Begründung der Evaluierung
Granularität	✓	4 verschiedene *Security Levels* können benutzt werden
Verfügbarkeit	(✓)	Sieben *Foundational Requirements* sind vorhanden
Kosteneffizienz	(✓)	Ressourcensparende und einfache Berechnungen
Lokalisierung	✗	Modellierung der Informationssicherheit ist subjektiv
Validierung	✗	Konzepte zur internen Überprüfung fehlen noch
Flexibilität	✓	Dynamisch anpassbar während der Laufzeit
Automatisierung	✗	Manuelle Eingabe von Expertenwissen wird benötigt
Maschinenlesbarkeit	✓	Modellierung basiert auf quantitaitven Bewertungen
Zukunftssicherheit	✓	Lösung ist technologie- und protokollunabhängig

Die nachfolgende Tabelle 3 zeigt die Evaluierung der erarbeiteten Lösung bezüglich der Tauglichkeit der sieben definierten *FRs* nach folgendem Bewertungsschema: ✓ (passt gut), (✓) (passt bis zu einem gewissen Grad) und ✗ (passt nicht). Ein Nachteil des vorgeschlagenen Lösungsansatzes ist zum Beispiel der *FR 7*, da er zu spezifisch in Bezug auf den Schutz vor *DDoS* Angriffen definiert ist und daher nicht für die Beschreibung der Anforderungen an die Verfügbarkeit genutzt werden kann. *FR 1* und *FR 2* decken die Aspekte der Benutzer- und Rechteverwaltung komplett ab und können generell verwendet werden. Darüber hinaus könnten *FR 4*, *FR 5* und *FR 6* mit zusätzlichen Informationen erweitert werden, weil die Menge an *SRs* zu klein und unspezifisch ist.

Tabelle 3. Evaluierung der sieben *FRs* anhand des OPC UA Beispiels

FR	Bewert.	Begründung der Evaluierung
1	(✓)	+ Passt nur zur Modellierung von Fähigkeitsprofilen − Muss für Anwendungen ohnehin immer gegeben sein
2	(✓)	+ Passt nur zur Modellierung von Fähigkeitsprofilen − Muss für Anwendungen ohnehin immer gegeben sein
3	✓	+ Deckt das Schutzziel der Integrität ab + Für Fähigkeitsprofile und Anwendungsanforderungen nutzbar
4	✓	+ Deckt das Schutzziel der Vertraulichkeit ab + Für Fähigkeitsprofile und Anwendungsanforderungen nutzbar
5	✗	− Die Definition der zones und *conduits* ist nicht anwendbar − Für Fähigkeitsprofile und Anwendungsanforderungen nicht nutzbar
6	✓	+ Deckt das Schutzziel der Verfügbarkeit ab + Zusätzliche *SRs* werden zur Verfeinerung benötigt
7	✗	− *Distributed Denial of Service (DDoS)* Bezug ist zu spezifisch − Deckt das Schutzziel der Verfügbarkeit nicht ab

Zusammenfassend passt die Verwendung der sieben *FRs* gut für eine Modellierung der Fähigkeitsprofile (Bottom-Up) der unterliegenden Netzwerkkomponenten. Im Gegensatz dazu, ist der Ansatz allerdings nur bis zu einem gewissen
Grad für die Beschreibung der Anwendungsanforderungen (Top-Down) nutzbar.
In diesem Bereich besteht noch Handlungsbedarf bezüglich der Anpassung bzw.
Erweiterung der vorhandenen *SRs* aus dem IEC 62443 Standard. Beispiele dafür
sind die Integration von Mechanismen zur Unterscheidung zwischen physischen
und logischen Komponenten, wie in der Umsetzung mit der angesprochenen Verwaltungsschale, oder die Anpassung der *zones* und *conduits* zur Beschreibung
der Verfügbarkeit als eines der allgemeinen Schutzziele in der Informationssicherheit. Zusätzlich dazu passt die Spezifikation der verschiedenen *SL* Typen (*Target,
Capability & Achieved*) aus dem IEC 62443 zu den Anforderungen aus dem industriellen Umfeld. Die Modellierung der Fähigkeitsprofile kann als *Capability
SL* und die Beschreibung der Anwendungsanforderungen kann als *Target SL* definiert werden. Allerdings birgt die Spezifikation der vier *SLs* auch Risiken für
Ungenauigkeiten, da die Unterscheidung auf subjektiven Bemaßungen basiert,
welche durch nicht quantifizierbare Stufen charakterisiert werden. Daher könnte die Beschreibung der *SLs* durch nicht-technische Prozesse, wie zum Beispiel
physische Zugangskontrolle, als implizite Anforderung unterstützt werden.

4   Fazit und Ausblick

Heutzutage sind zunehmend heterogene Systeme mit verschiedenen Technologien und hybriden (drahtgebundenen & drahtlosen) Kommunikationsarchitekturen in der Industrie vorhanden. Sie werden normalerweise mit der Hilfe von
herstellerspezifischen und proprietären Werkzeugen verwaltet und konfiguriert.
Aufgrund des disruptiven Prozesses der Digitalisierung sind immer mehr dieser
Systeme miteinander und mit dem Internet verbunden. Diese Verflechtung mit
der Außenwelt verlagert den Fokus auf das Thema der Informationssicherheit,
das bisher aufgrund isolierter Systeme vernachlässigt worden ist, aber in letz-
ter Zeit durch Sicherheitsvorfälle, gestohlene Informationen oder manipulierte
Prozesse auch in der Industrie zusätzliche Aufmerksamkeit bekommen hat.

Um diesen Entwicklungen gerecht zu werden, ist eine Modellierung der Anwendungsanforderungen und Fähigkeitsprofile bezüglich der Informationssicherheit erforderlich, um die gewünschten automatischen Prozesse für das Netzwerkmanagement zu unterstützen. Zu diesem Zweck wurde die Standardisierung des
RAMI4.0 Ansatzes beschrieben und das Konzept der Verwaltungsschale mit den
spezifizierten *Submodels* weiter untersucht. Darüber hinaus wurden die verwand-
ten Arbeiten aus dem Bereich der Sicherheitsstandards aufgeführt, um alle verfügbaren Konzepte zu vergleichen, zu bewerten und Lücken zu identifizieren.
Die sich daraus ergebenden Forschungsfragen wurden mit ersten konzeptionellen Arbeiten adressiert, um eine einheitliche *Unified Security Modelling Metric
(USMM)* zu entwickeln. Die zukünftige Arbeiten werden eine vertiefte Untersuchung, Modellierung und Implementierung des RAMI4.0 *Submodel: Security* für
die Verwaltungsschale nach bereits etablierten Standards beinhalten.

Danksagung

Dieser Auszug aus einer Masterarbeit wurde teilweise vom deutschen Bundesministerium für Bildung und Forschung (BMBF) im Rahmen des Forschungsprojektes *Future Industrial Network Architecture (FIND)* durch die Hochschule Ostwestfalen-Lippe aus Lemgo und der rt-solutions.de GmbH aus Köln gefördert.

Literaturverzeichnis

1. D. Kreutz, F. M. V. Ramos, P. Esteves Verissimo, C. Esteve Rothenberg, S. Azodolmolky und S. Uhlig: *Software-Defined Networking: A Comprehensive Survey*, Proceedings of the IEEE Volume: 103 Issue: 1, 2015
2. M. Wollschlaeger, T. Sauter und J. Jasperneite: *The Future of Industrial Communication: Automation Networks in the Era of the Internet of Things and Industry 4.0*, IEEE Industrial Electronics Magazine, 2017
3. J.-Q. Li, F. R. Yu, G. Deng, C. Luo, Z. Ming und Q. Yan: *Industrial Internet: A Survey on the Enabling Technologies, Applications, and Challenges*, IEEE Communications Surveys and Tutorials, Volume: PP, Issue: 99, 2017
4. Deutsches Institut für Normung e.V. (DIN) / Deutsche Kommission Elektrotechnik Elektronik Informationstechnik (DKE): *German Standardization Roadmap for IT Security*, Version 2.0, 2014
5. H. Trsek, D. Mahrenholz, S. Schemmer und R. Schumann: *Industrial Security 4.0 - Future challenges and solutions to secure Cyber-Physical Production Systems*, Markt & Technik Security Symposium, 2015
6. T. Müller, A. Walz, M. Kiefer, H. D. Doran, and A. Sikora: *Challenges and Prospects of Communication Security in Real-Time Ethernet Automation Systems*, 14th IEEE International Workshop on Factory Communication Systems (WFCS), Imperia, Italien, 2018
7. M. Waidner, M. Backes und J. Müller-Quade: *Cybersicherheit in Deutschland*, Fraunhofer-Gesellschaft Positionspapier, 2017
8. I. Rolle und P. Kobes: *Funktionale Sicherheit: Industrial Security - Stand der Normung und Risikominimierung*, Elektronik Magazin, 2013
9. M. Ehrlich, L. Wisniewski, H. Trsek, D. Mahrenholz und J. Jasperneite: *Automatic Mapping of Cyber Security Requirements to support Network Slicing in Software-Defined Networks*, 22nd IEEE International Conference on Emerging Technologies and Factory Automation (ETFA), Limassol, Zypern, 2017
10. M. Ehrlich, H. Trsek, L. Wisniewski und J. Jasperneite: *Modelling and Automatic Mapping of Cyber Security Requirements for Industrial Applications: Survey, Problem Exposition, and Research Focus*, 14th IEEE International Workshop on Factory Communication Systems (WFCS), Imperia, Italien, 2018
11. Deutsches Institut für Normung e.V. (DIN): *DIN SPEC 91345: Referenzarchitekturmodell Industrie 4.0 (RAMI4.0)*, Beuth Verlag GmbH, 2016
12. A. Ramos, M. Lazar, R. H. Filho und J. J. P. C. Rodrigues, *Model- Based Quantitative Network Security Metrics: A Survey*, Fourth Quarter 2017 IEEE Communications Surveys and Tutorials, 2017
13. Plattform Industrie 4.0, *Working Paper: Security inside the Asset Administration Shell*, Deutsches Bundesministerium für Wirtschaft und Energie, 2017
14. OPC Foundation, *Unified Architecture Profile Reporting Visualization Tool,* `https://opcfoundation-onlineapplications.org/profilereporting` (abgerufen am 15.07.2018)

SWAN: Systemweite statische Laufzeitanalyse echtzeitfähiger Betriebssysteme

Simon Schuster

Lehrstuhl für Informatik 4
Friedrich-Alexander-Universität Erlangen-Nürnberg
schuster@cs.fau.de

Zusammenfassung. Aufgrund der zunehmenden Nutzung generisch implementierter Algorithmen innerhalb von Betriebssystemen ist dort für die statische Laufzeitanalyse von Systemoperationen anwendungs- und kontextspezifisches Wissen (bspw. die Zahl lauffähiger Prozesse) zur zeitlichen Beschränkung kontextabhängiger Vorgänge erforderlich. Gegenwärtige kontextinsensitive Laufzeitanalysen stoßen hier zunehmend an ihre Grenzen, da ihnen die notwendige Kenntnis der zugrundeliegenden Betriebssystemsemantik fehlt. Fehlschlagende Analysen oder übermäßig pessimistische obere Laufzeitschranken (WCET) sind die Folge. SWAN, der in diesem Papier vorgestellte Ansatz zur systemweiten WCET-Analyse, bietet hier eine Möglichkeit, derartige Kontextinformationen zu sammeln und aus der Anwendungsdomäne über die Kernschnittstelle hinweg in die statische Laufzeitanalyse zu transportieren. Im Zentrum steht dabei PLATINA, eine Annotationssprache auf Quelltextebene, welche es ermöglicht parametrisch die Kopplung dieser Kontextinformationen zu einzelnen Programmflüssen auszudrücken und durch alle Ebenen des Echtzeitsystems zu propagieren. Diese Kontextinformationen können genutzt werden, um die Überabschätzungen einzelner Betriebssystemoperationen deutlich, für die hier betrachtete Testanwendung einer Quadcoptersteuerung um über 40 %, zu verbessern und dabei die Echtzeitfähigkeit auch eigentlich aufgrund ihrer generischen Implementierung nicht echtzeitfähiger Betriebssysteme für bestimmte Kontexte zuverlässig nachzuweisen.

1 Einführung

Bei der Interaktion mit seiner Umgebung muss ein Echtzeitsystem harte zeitliche Garantien für einzelne Vorgänge im System einhalten. Um diese Termintreue innerhalb von Echtzeitsystemen sicherzustellen, müssen hierfür die schlimmstmöglichen Ausführungszeiten (engl. *worst-case execution time*, WCET) aller Aufgaben und Vorgänge ermittelt werden. Der einzige Weg, derartige sichere obere Schranken zu finden, ist dabei die Betrachtung aller möglichen Ausführungspfade durch das Programm mittels statischer Analyse. Entsprechend existieren verschiedene Lösungen [1,2], um diese statische Laufzeitanalyse für die beteiligten Anwendungen im System durchzuführen und basierend auf diesen Informationen dann mittels einer Planbarkeitsanalyse die Einhaltung aller Termine im System zu überprüfen. Allerdings vernachlässigt diese simplistische Sicht dabei eine entscheidende Komponente der Ausführungsumgebung des Echtzeitsystems: Das Echtzeitbetriebssystem, welches die Ausführung des Aufgabensystems steuert und über Systemaufrufe den Aufgaben verschiedene Dienstleistungen, wie etwa Ressourcenverwaltung, bereitstellt. Gegenwärtige Ansätze um Betriebssysteme in diese Analyse einzubeziehen entspringen dabei einem ähnlichen Gedanken wie die statische Laufzeitanalyse selbst: Aus dem statisch konfigurierten Gesamtsystem ist es für jeden Vorgang möglich, den schlimmstmöglichen Gesamtzustand zu bestimmen und daraus für den jeweiligen Vorgang, etwa einen Einplanungsschritt, eine einzige, konstante, wenn auch im Allgemeinen sehr pessimistische obere Schranke zu bestimmen, die defensiv zur Antwortzeit der jeweiligen Aufgaben hinzuaddiert [6, 11] wird. Dieses Vorgehen beruht dabei jedoch auf der Annahme einer weitgehend statischen Systemstruktur und leichtgewichtigen Systemimplementierung, welche einerseits die Bestimmung eines schlimmstmöglichen Zustands erlauben und andererseits die Überabschätzungen in einem vertretbaren Rahmen halten.

Ein vergleichsweise neuer Trend in der Domäne der Echtzeitsysteme ist die Nutzung dynamischer Systeme wie etwa Real-Time Linux [3, 4] oder dem in der Automobilindustrie aufkommenden Standard Adaptive AUTOSAR [5]. Diese Systeme brechen dabei mit der Annahme einer weitgehend statischen Systemstruktur; sie betonen vielmehr generisch implementierte Algorithmen, Laufzeitrekonfigurierbarkeit und bieten verschiedene Mechanismen, um sich einem möglichst breiten Einsatzfeld anzupassen. Diese Dynamik manifestiert sich auch im Kontrollfluss und den Datenstrukturen des Betriebssystems und stellt damit konventionelle Analysen vor Probleme [6]. Fehlschlagende Analysen und übermäßig pessimistische statische Laufzeitobergrenzen sind die Folge.

Der in diesem Papier vorgestellte Ansatz zur systemweiten Laufzeitanalyse, SWAN, begegnet diesem Problem, indem mittels parametrischer Annotationen kontext-spezifische Informationen aus dem Anwendungs- und Systemkontext in die konkrete statische Laufzeitanalyse der einzelnen dynamischen Vorgänge integriert werden. Diese Informationen werden dort genutzt um die Dynamik für die einzelne Analyse aufzulösen und so korrekte und realistische Zeitschranken auch für generische Betriebssysteme zu ermitteln.

2   Verwandte Arbeiten

Das Betriebssystem repräsentiert einen integralen Bestandteil vieler Echtzeitsysteme und als solcher wurden in der Vergangenheit mehrfach Anläufe [6] unternommen, einzelne Echtzeitbetriebssysteme einer statischen Laufzeitanalyse zu unterziehen. Wiederholt wurde dabei von Problemen berichtet, die sich aus den spezifischen Eigenschaften von Betriebssystemkernen, besonders im Gegensatz zur Domäne der Anwendungsprogramme, ergeben. So beschreiben Colin und Puaut [7] Schwierigkeiten bei der Konstruktion des für die Analyse benötigten Kontrollflussgraphen, vor allem aufgrund der in der Systemschnittstelle vorhandenen Funktionszeiger, sowie bei der korrekten Beschränkung anwendungsabhängiger Schleifen, etwa für Operationen auf Datenstrukturen des Einplaners.

Um dennoch Analysierbarkeit herzustellen, überführten sie das Betriebssystem durch applikationsspezifische Quelltextmodifikation und damit Entfernung dynamischer Vorgänge in eine statische Systemstruktur. Trotzdem verblieb ein hoher Pessimismus der Analyseergebnisse von 86 %. In ähnlicher Weise berichten auch Sandell et al [8] von großen Überabschätzungen aufgrund einer Vielzahl „uninteressanter" Programmpfade, wie etwa zur Fehlerbehandlung, innerhalb der durch sie untersuchten Systemaufrufe, welche sie durch manuelle Annotation auf Maschinenprogrammebene explizit und global aus der Analyse ausschlossen. Gleichzeitig schildern die Autoren hier Schwächen der auf abstrakter Interpretation basierenden, automatischen Datenflussanalyse des verwendeten statischen Laufzeitanalysators aiT [1] für die Analyse von Betriebssystemkernen, welche ebenfalls durch Annotation ausgeglichen werden mussten.

Eine durch Lv et al durchgeführte Bestandsaufnahme [6] dieser und weiterer statischer Laufzeitanalysen von Betriebssystemen zeigt, dass die Existenz problematischer Programmkonstrukte wie etwa Funktionszeiger sowie vor allem der Mangel an Anwendungsinformation innerhalb der Analyse repräsentativ für diese Domäne sind. In Folge dessen stellen die Autoren den Nutzen einer einzigen globalen statischen Schranken für die Laufzeit einzelner Systemoperationen im Gegensatz zu kontextgewahren, parametrischen Analysen infrage. Hier zeigen sich Parallelen zu Schneider [9, 10], der den Transport von Aufruf- und Konfigurationsparameter sowie Aufrufhistorie und -kontext zwischen Anwendungsanalyse und Betriebssystem als Kernproblem identifizierte und eine gemeinsame Laufzeit- und Planbarkeitsanalyse als ersten Lösungsansatz postulierte.

Seitdem lag der Forschungsfokus darauf, dynamische Aspekte im zeitlichen Verhalten von Betriebssystemen durch Quelltextmodifikation zu entfernen oder sie anwendungsspezifisch maßzuschneidern, um so eine statische Analysierbarkeit wiederherzustellen. So wurde durch die gezielte Platzierung von Verdrängungspunkten innerhalb des seL4-Kernes [11], vor allem auch in anwendungsabhängigen Schleifen, eine konstante und statisch analysierbare Grenze für die Verdrängungsverzögerung des Betriebssystems bestimmt. Demgegenüber verfolgt SysWCET [12] einen generativen Ansatz für das Betriebssystem. Dynamische und anwendungsabhängige Aspekte werden hier durch auf die jeweilige Anwendung maßgeschneiderten Betriebssystemaufrufe statisch zum Generationszeitpunkt aufgelöst. Derartige Techniken stellen jedoch lediglich spezifische Lösungen für einzelne Problemdomänen dar, welche sich aufgrund der hohen Komplexität sowie des deutlich weiter gefassten Anwendungsfeldes nicht auf generisch implementierte Betriebssysteme übertragen lassen. Diese benötigen vielmehr eine einheitliche Schnittstelle, um weniger den Quelltext als vielmehr die Analyse anwendungs- und kontextgewahr maßzuschneidern. SWAN ermöglicht dies.

3 Problemanalyse

Wie auch zurückliegende Untersuchungen von Betriebssystemen in vorherigen Abschnitt zeigen, können die Laufzeiten von Betriebssystemoperationen nicht in Isolation betrachtet werden, sondern sind vom Systemzustand sowie Aufrufkontext und damit auch von den ausgeführten Anwendungen abhängig. Diese Abhängigkeit besteht dabei sowohl zu statischen Konfigurationsparametern wie etwa der maximalen Anzahl an Prozessen im System, zum dynamischen System-zustand wie etwa Listenlängen im Einplaner sowie zu den Werten von Aufrufpa-rametern in Systemaufrufen. Konkret äußern sich diese Dependenzen innerhalb der Analyse durch drei Symptomen: (1) Probleme in der Kontrollflussgraph-konstruktion, vor allem in Anwesenheit anwendungsdefinierter Funktionszeiger, (2) anwendungsabhängige und damit statisch unbeschränkte Schleifengrenzen sowie (3) hoher Analysepessimismus durch Berücksichtigung eigentlich im jewei-ligen Kontext nicht realisierbarer Pfade. Durch das Fehlen eines kontinuierlichen Kontroll- und Datenflusses — vielmehr besteht die Ausführung des Betriebs-systems aus einer Folge einzelner, dedizierter Aktivierungen — können diese Informationen jedoch im Allgemeinen nicht automatisiert durch Datenflussana-lyse erhoben werden [8]. Deshalb müssen derartige Kontextinformationen durch manuelle Annotation explizit in die Analyse eingebracht werden. Hier ergeben sich zwei Herausforderungen: Zunächst muss eine Annotationssprache geschaffen werden, die es ermöglicht universell, wiederverwendbar und präzise die Kopplung einzelner Kontextinformationen mit dem Programmfluss auszudrücken und da-bei auch komplexe Zusammenhänge zwischen mehreren Parametern zu beschrei-ben. Aufgrund des hohen Aufwandes und der mangelnden Wiederverwendbarkeit von Annotationen auf Maschinenprogrammebene [8, 11] bedeutet dies die An-notation auf Quelltextebene. Dies wirft somit weiterhin die Frage der sicheren, semantikerhaltenden Transformation dieser Annotationen auch in Gegenwart von die Programmstruktur verändernden Übersetzeroptimierungen auf.

4   SWAN

Um das Problem bestehender, kontextinsensitiver Analysen von Betriebssys-temkernen zu adressieren, bietet SWAN durch systemweite WCET-Analyse die Möglichkeit, kontextsensitive Informationen zu formulieren, sammeln und in die statische Laufzeitanalyse einzubringen [13]. Abbildung 1 zeigt hier den grundle-genden Aufbau des Ansatzes.

Integraler Bestandteil ist hierbei die Annotationssprache PLATINA auf der mittleren Ebene, welche es ermöglicht, unterschiedliche Elemente der Kontext-information (obere Ebene), die sogenannten *Systemfakten*, in Relation zu setzen und ihren Einfluss auf die *kontextgewahre statische Laufzeitanalyse* auf der un-teren Ebene auszudrücken. Die Information passiert dabei mehrere Repräsenta-tionsebenen: Die Kontextinformationen werden auf einem semantischen Modell des Systems gesammelt, durch Annotationen auf Quelltextebene an die kon-kreten Programmflüsse gekoppelt und letztendlich zur Steuerung der auf Ma-schinenprogrammebene stattfindenden statischen Laufzeitanalyse herangezogen. SWAN bietet hier einen semantikerhaltenden Informationstransport zwischen die-sen Darstellungsebenen eines Systems, welcher im Folgenden kurz erläutert wird.

Um die kontextspezifischen Systemfakten automatisiert in die statische Lauf-zeitanalyse zu transportieren bietet PLATINA drei Typen kontextgewahrer, para-

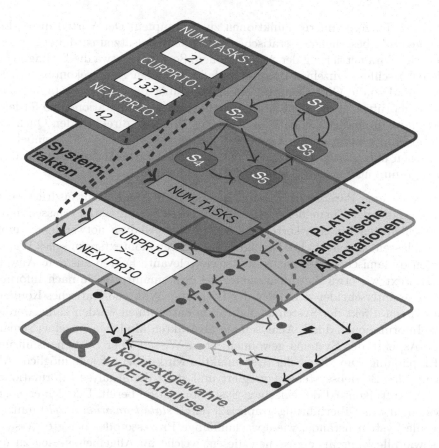

Abb. 1. Kontextgewahrer Informationstransport in SWAN: Semantische Systemfakten werden durch Analyse aus semantischen Systemmodellen gewonnen und über parametrische Annotationen auf Quelltextebene an den Programmfluss gekoppelt. Nach Transformation auf Assemblerebene werden diese Informationen schließlich zum Ausschluss kontextsensitiv nicht realisierbarer Pfade in der statischen Laufzeitanalyse genutzt.

metrischer Annotationen, welche jeweils die drei in der Problemanalyse identifizierten Problemstellen der statischen Laufzeitanalyse von Betriebssystemoperationen adressieren: (1) Die Annotation der Aufrufziele indirekter Aufrufe ermöglicht die korrekte Kontrollflussrekonstruktion, (2) durch kontextsensitive Annotation von Schleifengrenzen können anwendungsabhängige und damit statisch in ihrer Laufzeit unbeschränkte Schleifen kontextspezifisch eingeschränkt werden und (3) parametrische Annotationen von Verzweigungen ermöglichen es kontextspezifisch einzelne Pfade abhängig von Systemfakten aus der Analyse auszuschließen und so Pessimismus im Analyseergebnis zu reduzieren. Der Komplexität von Kontrollflüssen in Betriebssystemen Rechnung tragend sind die Annotationsausdrücke dabei jedoch nicht auf einfache Systemfakten festgelegt, sondern ermöglichen es, mehrere Kontextinformationen innerhalb einzelner Annotationen durch eine geeignete Programmiersprache zu kombinieren und dabei sogar durch nutzerdefinierte Funktionen zu verknüpfen. Der Vorteil dieser Lösung gegenüber bestehenden, statischen Annotationsansätzen ist dabei die kontinuierliche Parametrierung der Annotationen: So werden etwa die Bedingungen für den Ausschluss einzelner Programmpfade für jeden Analysekontext erneut validiert und so die Gültigkeit von Annahmen über den Systemzustand kontinuierlich geprüft. Um die langfristige Wartbarkeit der Annotationen zu fördern, werden diese in abwärtskompatibler Weise als Pragmas direkt in den Quelltext des Programmes integriert; im Augenblick werden hier C und C++ als einbettende Sprachen unterstützt. Dies ermöglicht die einfache gemeinsame Modifikation von Programm und Annotationen im Entwicklungsprozess.

Die konkreten Parameterwerte für die einzelnen Annotationsausdrücke entstammen dabei der Ebene der *Systemfakten*. Diese Systemfakten erfassen dabei die verschiedenen für eine korrekte sowie präzise Analyse notwendigen Informationsklassen, also statisches Konfigurationswissen, kontextspezifisches Wissen über den dynamischen Systemzustand sowie relevante Fakten aus dem Anwendungskontext wie etwa Aufrufparameter des Systemaufrufes. Je nach Informationsklasse unterscheidet sich dabei der Ursprung. Während statisches Konfigurationswissen direkt der Systemkonfiguration entnommen werden kann, werden andere Informationen durch Analysen auf abstrakten Modellen einzelner semantischer Aspekte des Systems gewonnen, etwa Wissen über Systemausführung und Einplanung. Die Menge der Systemfakten wird dabei für jede mögliche Aktivierung des Betriebssystems aggregiert und stellt der Analyse Informationen über den Aufrufkontext der einzelnen Systemoperation bereit. Der sich ergebende Systemzustandsüberführungsgraph [12] (engl. *state transition graph*) umfasst dabei alle Systemzustände, wie etwa lauffähige Prozesse oder belegte Ressourcen, sowie alle Übergänge zwischen diesen, welche im Allgemeinen den zu untersuchenden Systemoperationen entsprechen. Das Konzept der Systemfakten als atomare Informationseinheiten, auf denen die Annotationssprache operiert, bietet dabei einen generischen Mechanismus, der es ermöglicht Informationen verschiedener disjunkter Analysen einzubeziehen und auf einheitliche Art und Weise der statischen Laufzeitanalyse zugänglich zu machen.

In der eigentlichen *kontextgewahren statischen Laufzeitanalyse* werden die Annotationsausdrücke über den gesammelten Systemfakten ausgewertet, um die Analyse auf den spezifischen Kontext maßzuschneidern. Diese Analyse erfolgt dabei auf Maschinenprogrammebene, um Zeitgrenzen für die spezifische Zielplattform ermitteln zu können. Die gewählte Ebene der Annotationen auf Quelltextebene macht hier jedoch einen weiteren Anpassungsschritt erforderlich, da aufgrund von durch Übersetzeroptimierung ausgelösten Restrukturierungen die Zuordnung und Gültigkeit der einzelnen Annotation gefährdet ist. SWAN begegnet diesem Problem durch optimierungsgewahre Übersetzung mittels Kontrollflussabbildungsgraphen [14], welche während der Kompilierung eine partielle Zuordnung zwischen Quell- und Maschinenprogrammebene aufspannen und es damit erlauben, Flussinformationen semantikerhaltend zwischen beiden Darstellungen zu transformieren. Diese Transformation erfolgt dabei losgelöst von der eigentlichen Übersetzung des Programms. SWAN gestattet es folglich, dasselbe

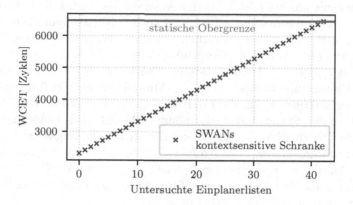

Abb. 2. Kontante und parametrische Annotationen: Laufzeitschranken für FreeRTOS vTaskSuspend Systemaufruf in Abhängigkeit der zu prüfenden Prioritätsebenen.

Kompilat in verschiedenen Kontexten zu untersuchen. Nach Auswertung und Umsetzung der parametrierten Annotationsausdrücke stehen der Analyse primitive Flussfakten über das Programm im gegebenen Kontext zur Verfügung, welche es ermöglichen unnötigen Pessimismus aus der Analyse zu eliminieren und akkurate Obergrenzen für die jeweilige Systemoperation zu ermitteln.

Zusammenfassend bietet SWAN hier einen Mechanismus semantische, kontextsensitive Information an einzelne Programmflüsse im Betriebssystem zu koppeln und somit Anwendungsinformation über die Kernschnittstelle und Übersetzungsoptimierungen hinweg in die statische Analyse des Systems einfließen zu lassen. Dieses Maßschneidern der Analyse ermöglicht dabei nicht nur bessere, d.h. straffere, Schranken für die untersuchten Betriebssystemoperationen zu finden, sondern weitet dabei den Begriff der „Echtzeitfähigkeit" selbst, indem es ihn um die Dimension des Systemkontexts erweitert: Echtzeitfähigkeit ist keine Eigenschaft eines Betriebssystems selbst, sondern viel mehr kann auch die Echtzeitfähigkeit eines generischen Betriebssystem für einzelne gegebene Anwendungskontexte statisch nachgewiesen werden. Eine Implementierung des hier beschriebenen Ansatzes, welche auf dem Übersetzer des T-Crest Projektes [15, 16] und dem zugehörigen statischen Laufzeitanalysewerkzeug PLATIN [17] basiert, ist unter einer quelloffenen Lizenz verfügbar[1].

5   Evaluation

Zur Evaluation des Ansatzes dient die Antwortzeitanalyse einer realen Quadcopterplattform. Untersuchungsgegenstand ist I4Copter [18], ausgeführt auf dem Betriebssystem FreeRTOS auf einem ARM Cortex M4 System. SWAN ermöglicht es hier Kontextinformation der Einplanungssemantik in die Analyse zu transportieren und so Pessimismus im Analyseergebnis zu eliminieren. Ein Beispiel für

---

[1] Quelltext verfügbar: `gitlab.cs.fau.de/SWAN`

derartigen Pessimismus findet sich bei der Auswahl des nächsten Prozesses: Fre-eRTOS greift dabei im Einplaner auf ein Feld an Bereitlisten lauffähiger Prozesse zurück, eine pro Prioritätsebene, welche absteigend von der höchsten Priorität aus auf ausführbereite Aufgaben überprüft werden. Ist eine untere Schranke für die Priorität der nächsten Aufgabe bekannt, so kann dies durch eine kontext-sensitive Schleifengrenze in einer PLATINA-Annotation ausgedrückt und durch geeignete Systemfaktenwerte in die Analyse eingebracht werden, wie Abbildung 5 beispielhaft für den Systemaufruf vTaskSuspend zeigt. Dieser blockiert den ak-tuellen Prozess und durchläuft dann genau diesen Einplanungsschritt. Die kon-textsensitiven Schranken beschreiben dabei akkurat den linearen Zusammenhang zwischen der Anzahl der zu prüfenden Bereitlisten und der WCET. Die Varianz zwischen dem günstigsten (erste Überprüfung erfolgreich) und dem schlimmsten Fall (42 Überprüfungen) beträgt dabei über 78 %.

In der Praxis hängt dabei die Qualität der Analyseergebnisse somit direkt von der Verfügbarkeit möglichst präziser Systemfakten ab. Im Folgenden wird aus diesem Grund der quantitative Effekt SWANs am Beispiel der oben einge-führten, repräsentativen Regelungsanwendung eines Quadcopters näher betrach-tet. Das Aufgabensystem besteht dabei aus fünf Prozessen sowie einer Unter-brechungsbehandlungsroutine; weiterhin ist ein Zustandsüberführungsgraph für Einplanung mit statischen Prioritäten verfügbar [12], welcher alle Systemzustän-de und ihre Übergänge umfasst und somit die dynamische Einplanungssemantik enthält. Für das ohne Annotationen nicht analysierbare System wurden zwei Analysen zur Bestimmung der Betriebssystemlaufzeiten mittels SWAN durchge-führt: Kontextinsensitiv mit statischen, defensiven Grenzen sowie kontextgewahr unter Ausnutzung der Informationen des Zustandsüberführungsgraphen. Die Er-gebnisse finden sich dabei in Tabelle 1. Die erzielte Verbesserung durch SWANs kontextgewahre Analyse ist dabei von dem den einzelnen Aufgaben innewohnen-den Pessimismus abhängig und bewegt sich zwischen 0 % und 60 %. Während für die letzte Aufgabe der Verarbeitungskette (SPAttT) keine Voraussagen über den Folgezustand möglich sind, so können für die Aufgabe SGFT hingegen durch Kenntnis des Prioritätsgefüges und der Einplanungssemantik zwei Ausführungen des Einplanungsalgorithmus, welche beim Laufbereitsetzen der Prozesse SPActT und SPAttT in der statischen Analyse enthalten sind, aus der Analyse kontext-

Tabelle 1. Statische WCET-Abschätzungen für ein Quadcopter-Aufgabensystem bei statischer Analyse durch SWAN mit und ohne Kontextinformation

Aufgabe (Abkürzung, Priorität)		**WCET (Zyklen)**		**Verbesserung**
		statisch	kontextgewahr	
SignalGatherInitiateTask	(SGIT, 24)	20342	13214	35,041 %
SignalGatherTimeoutTask	(SGTT, 23)	20220	13092	35,252 %
SignalGatherFinishedTask	(SGFT, 25)	18892	7545	60,062 %
SignalProcessingActuateTask	(SPActT, 22)	6694	4615	31,058 %
SignalProcessingAttitudeTask	(SPAttT, 21)	6694	6694	0,000 %
schlimmstmögliche Antwortzeit (WCRT)		72842	43199	40,695 %

sensitiv eliminiert werden: FreeRTOS betritt diesen Programmpfad nur, falls die Prioritäten der neu laufbereiten Prozesse (22 & 21) die des aktuell ausgeführten (25) überschreiten. Für die Gesamtantwortzeit des vollständigen Aufgabensystems lässt sich mittels SWAN somit eine 40 % bessere Schranke ermitteln.

6   Zusammenfassung

Die Laufzeit einzelner Vorgänge im Betriebssystem hängt vielfach von anwendungsbestimmten Parametern und Datenstrukturen ab. SWAN, die hier vorgestellte Technik zur systemweiten statischen Laufzeitanalyse, ermöglicht es diese Datenpunkte für den konkreten Aufrufkontext zu aggregieren und über die Betriebssystemschnittstelle hinweg in die statische Analyse einfließen zu lassen. Im Zentrum steht dabei PLATINA, eine parametrierbare Annotationssprache auf Quelltextebene, welche es erlaubt, die Kopplung zwischen diesen Kontextinformationen und den Programmflüssen im Kern nachhaltig auszudrücken. Dieses kontextspezifische Maßschneidern der Analyse gestattet es ferner, auch für generisch implementierte Betriebssysteme in einzelnen Systemkontexten die Echtzeitfähigkeit nachzuweisen und dabei den Pessimismus der ermittelten Schranken deutlich, für die untersuchte Quadcoptersteuerung um über 40 %, zu senken.

Danksagung

Ich möchte an dieser Stelle den Betreuern meiner Masterarbeit, auf welcher dieses Papier beruht, Peter Wägemann, Dr. Peter Ulbrich und Prof. Dr. Wolfgang Schröder-Preikschat für Ihre Betreuung und Anleitung danken, welche die Forschung in dieser Form und Tiefe erst ermöglicht haben. Die Arbeit wurde weiterhin teilweise unterstützt durch die Deutsche Forschungsgemeinschaft (DFG) unter den Förderkennzeichen SCHR 603/9-2 und SFB/Transregio 89 (Project C1) sowie durch das Bayrische Staatsministerium für Wirtschaft, Verkehr und Technologie unter dem Förderkennzeichen 0704/883 25.

Literaturverzeichnis

1. AbsInt. aiT Worst-Case Execution Time Analyzers. `absint.com/ait` (abgerufen am 02.07.2018).
2. S. Hepp; B. Huber; D. Prokesch und P. Puschner. The platin Tool Kit – The T-CREST Approach for Compiler and WCET Integration. In: 18. Kolloquium Programmiersprachen und Grundlagen der Programmierung (KPS '15), Seiten 277–292 (2015).
3. J. M. Calandrino; H. Leontyev; A. Block; U. C. Devi und J. H. Anderson. LITMUS[RT]: A Testbed for Empirically Comparing Real-Time Multiprocessor Schedulers. In: Proceedings of the 27. International Real-Time Systems Symposium (RTSS '06), Seiten 111–126 (2006).
4. B. Brandenburg. Scheduling and locking in multiprocessor real-time operating systems. Doktorarbeit, The University of North Carolina at Chapel Hill (2011).

5. AUTOSAR. AUTOSAR the Next Generation – The Adaptive Platform.
   `autosar.org/fileadmin/files/presentations/EUROFORUM_Elektronik-`
   `Systeme_im_Automobile_2016_-_FUERST_Simon.pdf` (2016).
6. M. Lv; N. Guan; Y. Zhang; Q. Deng; G. Yu und J. Zhang. A survey of WCET
   analysis of real-time operating systems. In: Proceedings of the International Conference on Embedded Software and Systems (ICESS '09), Seiten 65–72 (2009).
7. A. Colin und I. Puaut. Worst-case execution time analysis of the RTEMS real-time
   operating system. In: 13. Euromicro Conference on Real-Time Systems (ECRTS
   '01), Seiten 191–198 (2001).
8. D. Sandell; A. Ermedahl; J. Gustafsson und B. Lisper. Static Timing Analysis of
   Real-Time Operating System Code. In: Leveraging Applications of Formal Me-
   thods, Lecture Notes in Computer Science, Seiten 146–160 (2004).
9. J. Schneider. Why you can't analyze RTOSs without considering applications and
   vice versa. In: Proceedings of the 2. International Workshop on Worst-Case Execution Time Analysis (WCET '02), Seiten 79–84 (2002).
10. J. Schneider. Combined schedulability and WCET analysis for real-time operating
    systems. Shaker (2003).
11. B. Blackham; Y. Shi; S. Chattopadhyay; A. Roychoudhury und G. Heiser. Timing
    analysis of a protected operating system kernel. In: Proceedings of the 32. Real-
    Time Systems Symposium (RTSS '11), Seiten 339–348 (2011).
12. C. Dietrich; P. Wägemann; P. Ulbrich und D. Lohmann. SysWCET: Whole-System
    Response-Time Analysis for Fixed-Priority Real-Time Systems. In: Proceedings of
    the 23. Real-Time and Embedded Technology and Applications Symposium (RTAS
    '17), Seiten 37–48 (2017).
13. S. Schuster; P. Wägemann; P. Ulbrich und W. Schröder-Preikschat. Towards
    System-Wide Timing Analysis of Real-Time–Capable Operating Systems. In: 30.
    Euromicro Conference on Real-Time Systems Work-in-Progress Session (ECRTS
    '18 WiP) (2018).
14. B. Huber; D. Prokesch und P. Puschner. Combined WCET Analysis of Bitcode
    and Machine Code Using Control-flow Relation Graphs. In: 14. Conference on
    Languages, Compilers and Tools for Embedded Systems (LCTES '13), Seiten 163–
    172 (2013).
15. P. Puschner; D. Prokesch; B. Huber; J. Knoop; S. Hepp und G. Gebhard. The T-
    CREST Approach of Compiler and WCET-Analysis Integration. In: Proceedings of
    the 9. Workshop on Software Technologies for Future Embedded and Ubiquitious
    Systems (SEUS '13), Seiten 33–40 (2013).
16. M. Schoeberl; S. Abbaspour et al. T-CREST: Time-predictable Multi-Core Ar-
    chitecture for Embedded Systems. Journal of Systems Architecture, 61:449–471
    (2015).
17. S. Hepp; B. Huber; J. Knoop; D. Prokesch und P. Puschner. The Platin Tool Kit-
    The T-CREST Approach for Compiler and WCET Integration. In: 18. Kolloquium
    Programmiersprachen Und Grundlagen Der Programmierung (KPS'15) (2015).
18. P. Ulbrich; R. Kapitza; C. Harkort; R. Schmid und W. Schröder-Preikschat.
    I4Copter: An Adaptable and Modular Quadrotor Platform. In: 26. ACM Symp. on
    Applied Computing (SAC '11), Seiten 380–396 (2011).

Spezifikation projektspezifischer Software

Jens Lehmann

ehem. Lehrstuhl für Informationstechnik, insb. Realzeitsysteme
FernUniversität in Hagen, 58084 Hagen
jens.lehmann@ontotec.com

Zusammenfassung. Software für sicherheitsrelevante eingebettete Systeme muss gemäß der Norm DIN EN 61508 bzw. domainspezifischer Derivate entwickelt werden. Dazu zählen die Normen DIN EN 50128 bzw. DIN EN 50657 für die Bahn. Die Normen definieren Anforderungen an den Entwicklungsprozess mit dem Ziel, Fehler in der Software zu vermeiden. Die Entwicklung von Software gemäß diesen Normen ist Voraussetzung für die Begutachtung bzw. behördliche Zulassung entsprechender Systeme.

In diesem Artikel wird ein Referenzmodell zur Spezifikation von Anforderungen und Architektur gemäß der DIN EN 50128 vorgestellt. Dabei steht im Vordergrund, dass sowohl der Entwurf als auch die anzuwendenden Methoden möglichst einfach zu halten sind. Durch die Kombination geeigneter Methoden ist das Modell formal analysierbar. Anhand des Modells und eines hier vorgestellten Fragenkatalogs kann ein Entwicklungsprozess oder eine Methode evaluiert werden.

Dieser Artikel basiert auf der Abschlussarbeit im Master-Studium Elektro- und Informationstechnik an der FernUniversität in Hagen: „Auswahl und Anwendung von Methoden zur Spezifikation von Anforderungen und Architektur für die Softwareentwicklung gemäß DIN EN 50128 bzw. DIN EN 50657".

Um Formulierungen zu vereinfachen wird in diesem Artikel der Begriff „Methode" synonym für die Begriffe „Technik" und „Maßnahme" verwendet.

1 Erläuterung des Modells

Zunächst sind einige Annahmen zu treffen: Die Entwicklung basiert auf einem generischen System. Dieses Basissystem besteht aus konfigurierbaren Hardwarekomponenten sowie einer Basissoftware und erfüllt bereits wesentliche Anforderungen an ein sicherheitsrelevantes System. Die zu entwickelnde projektspezifische Software ermöglicht eine einfache Steuerung. Entsprechende Eingangssignale werden verarbeitet, relevante Werte ermittelt und an einen Regler weitergeleitet. Die projektspezifische Software wird durch das Basissystem zyklisch ausgeführt. Die Architektur des Basissystems orientiert sich damit an einer sicherheitsrelevanten SPS oder vergleichbaren Konzepten.

Die Norm DIN EN 50128 legt nahe, Anforderungen und Architektur parallel zu bearbeiten. Daher ist es möglich, entsprechende Aktivitäten in einer Phase des Entwicklungsprozesses zusammenzufassen.

Die Dekomposition des Systems orientiert sich an den originären Funktionen einer Steuerung: Verarbeitung der Eingangssignale, Vor-, Haupt- und Nachverarbeitung, Durchführung von Prüfungen sowie Bereitstellung der Ausgangssignale. Anforderungen an das übergeordnete System werden über externe Signale und Betriebszustände zugeordnet.

Die hier vorgestellte Methodik konzentriert sich auf gut handhabbare, bewährte Techniken. Diese sind tabellarisch bzw. durch ein relationales Datenmodell darstellbar. Dabei handelt es sich um Zuordnungstabellen, Entscheidungstabellen und Zustandsübergangstabellen, die neben natürlicher Sprache, erläuternden Graphiken und Diagrammen verwendet werden. Hierzu werden geeignete Schemata zur Abbildung der entsprechenden Daten verwendet.

Basierend auf diesen Schemata können Schnittstellen, externe Kontroller, Signale, Betriebsarten und Betriebszustände sowie Funktionen definiert werden. Auf Grundlage der Kombination von Eingangssignalen sind Betriebsarten und Betriebszustände vollständig und widerspruchsfrei abbildbar. Zur Spezifikation von Anforderungen wird deren Abhängigkeit von Betriebsarten bzw. Betriebszuständen sowie von weiteren Bedingungen festgelegt. In Form von Eingangs- bzw. Ergebnisvektoren werden Anforderungen bzw. Funktionen korrespondierenden Variablen von Signalen zugewiesen. Die Soll-Betriebsart bzw. der Betriebszustand wird auf Basis von Eingangssignalen und der Ist-Betriebsart festgestellt. Auf dieser Grundlage können wiederum abhängige Werte von Parametern zur Steuerung und Regelung ermittelt werden.

Die Ermittlung des Soll-Zustandes erfolgt also auf Basis der Eingangssignale und des Ist-Zustandes. In Abhängigkeit des Soll-Zustandes werden dann Operationen ausgeführt bzw. Ausgangswerte ermittelt. Die Schemata unterstützen die Analyse, wie es sonst nur mit Hilfe formaler Methoden möglich ist. Erreicht wird dies durch die Kombination einfacher und bewährter Methoden. Das resultierende Modell ist einfach, generisch und effizient, und es kann formal analysiert werden. Somit sind automatische Prüfungen, die automatische Ableitung von Tests sowie die Generierung von Quellcode möglich. Der wesentliche Realisierungs- und Prüfaufwand konzentriert sich dabei auf spezifische Algorithmen. Auch wenn sich ein komplexeres System nicht direkt im Rahmen der Schemata darstellen lässt, unterstützt es die Erstellung von Prototypen oder die Top-Down-Integration des Systems.

Es wurde nachgewiesen, dass die Schemata als Referenzmodell zur Spezifikation von Anforderungen und Architektur gemäß der Normen DIN EN 50128 bzw. DIN EN 50657 geeignet sind. Unter Einhaltung eines Rollenmodells sowie notwendiger Eingangsdokumente und Prüfverfahren implementiert das Modell reforderliche Methoden zur Entwicklung der projektspezifischen Software bis einschließlich SIL4.

In dem beschriebenen Modell werden Elemente wie folgt klassifiziert: Schnittstellen, externe Kontroller, Signale, Betriebszustände, Funktionen und Eigenschaften. Basierend auf einem allgemeinen Schema unterscheiden sich Anforderungen durch Erweiterungen zur Abbildung von Zuordnungs-, Entscheidungs- und Zustandsübergangstabellen. Im Rahmen der Architektur werden Komponenten der Hardware, der Basis- und der projektspezifischen Software unterschieden. Darüber hinaus werden vereinfachte Modelle zur Darstellung der Verteilung, des Datenflusses und des Kontrollflusses eingeführt.

Alle Elemente sind auf Grundlage ihrer Klassifikation bzw. einer darauf basierenden Kennung sowie einer geeigneten Bezeichnung eindeutig identifizierbar. Zuordnungen, Entscheidungen und Zustandsübergänge beziehen sich jeweils auf entsprechende Referenzen. Dies schließt auch Variablen zur Abbildung von Parametern und Zwischen-/Ergebnissen ein. Zusätzliche Attribute werden klassenspezifisch ergänzt.

1.1   Grundlegende Definitionen

Um in den Anforderungen und der Architektur auf Schnittstellen, externe Kontroller, Signale, Betriebsarten und Betriebszustände oder Funktionen zu referenzieren, werden diese zunächst definiert.

Mit Einführung der Schnittstellen wird der Bezug auf bzw. die Zusammenfassung von Signalen bzw. Daten möglich. Die Ausprägungen der jeweiligen Datenübertragung bleiben abstrakt. Schnittstellen werden durch Attribute bezüglich ihrer Echtzeitfähigkeit und Sicherheit ergänzt.

Über externe Kontroller legt man die Kommunikationspartner der Steuerung fest. In Kombination mit den definierten Schnittstellen ist es möglich, die Steuerung in ihre Umgebung mittels Zuordnung von Signalen einzubetten. Jeder Kontroller wird durch Attribute bezogen auf seine Schnittstelle, Echtzeitfähigkeit und Sicherheit ergänzt.

Signale werden in tabellarischer Form jeweils für alle Eingangs- und Ausgangssignale externen Kontrollern bzw. Schnittstellen zugeordnet. Die Identifikation bzw. die Zuordnung der Signale erfolgt auf Basis einer geeigneten Nomenklatur, die den Sender bzw. Empfänger berücksichtigt. Schnittstellen, Datentypen, logische Wertebereiche und Ersatzwerte werden mittels zusätzlicher Attribute ergänzt.

Durch die Betriebszustände bzw. Betriebsarten der Steuerung werden die Betriebszustände bzw. Betriebsarten des übergeordneten Systems abgebildet. Es kann sinnvoll sein, dabei nach funktionsbedingten Betriebsarten wie Automatik, Hand, Schrittsetzen, Teilautomatik zu differenzieren. Neben der Klassifikation und Identifikation jedes Betriebszustands und seiner Zuordnung zu einer Betriebsart ist also jeweils eine Betriebsart sowie ein Zustand des übergeordneten Systems zuzuordnen.

Funktionen dienen hier der Zusammenfassung von Anforderungen, eine Funktion wird also durch ihre Anforderungen charakterisiert. Darüber hinaus weist man jeder Funktion eine Komponente zu.

Die Norm DIN EN 50128 fordert zudem eine Kategorisierung von Testfunktionen. Dazu zählen durch Software unterstützte Prüfungen der Hardware, Software-Selbsttests, periodische Tests sowie Tests von Sicherheitsfunktionen. Zudem hinaus sind aus der Perspektive der Sicherheitsbetrachtungen weitere Charakteristika bzw. Beziehungen zwischen geforderten Funktionen denkbar.

Dazu zählen beispielsweise Aspekte der Diversität von Funktionen und der Prüfung mittels Vergleich bzw. Plausibilität. Diese semantischen Beziehungen werden hier ebenfalls eingeführt. Dazu werden den Beziehungen zwischen Funktionen jeweils entsprechende Attribute bezogen auf die chronologischen Ausführung (z. B. Zyklus) und des Entwurfsprinzips (z. B. Plausibilität) zugeordnet.

Damit sind die Schemata für die grundlegenden Definitionen eingeführt. Darauf aufbauend werden spezifische Schemata zur Definition von Anforderungen und Architektur festgelegt.

1.2   Spezifikation der Anforderungen

Die Verarbeitung externer Signale wird durch Anforderungen an Prüfungen, Abläufe und Transformationen spezifiziert. Hierbei lassen sich logische und chronologische Anforderungen unterscheiden. Für das Verhalten bei Fehlern sind entsprechende Betriebsarten bzw. -zustände festzulegen. Darüber hinaus müssen Fehlerstufen, Diagnosecodes und geeignete Meldungen definiert werden. Gegebenenfalls kann die Steuerung auch eingeschränkt betrieben werden. Insbesondere der Zusammenhang zwischen dem Basissystem und der projektspezifischen Anwendung ist dabei zu berücksichtigen.

Attribute für die Zuordnung der Sicherheitseinstufung, der Betriebsart, der Funktion und der relevanten Signale bzw. Variablen ergänzen die Anforderungen. Die Klassifikation einer Anforderung soll auch die Unterscheidung zwischen einer Anforderung und einer Einschränkung usw. ermöglichen. Definierte Betriebsarten bzw. -zustände werden ebenfalls durch assoziierte Variablen abgebildet. Eine zusätzliche Kategorisierung orientiert sich an den Normen IEC 9126-n bzw. IEC 250nn. Auf Elemente zur hierarchischen Gliederung von Anforderungen wird im Rahmen des hier vorgestellten Modells nicht weiter eingegangen.

Auf Basis definierter Variablen kann man den jeweils Eingangs-, Vergleichsbzw. Ergebnisvektor festlegen, aufgrund von Vorbedingungen die Anforderung an einen Ablauf, Transformationen bzw. eine Prüfung formulieren und gegebenenfalls Ersatzwerte bestimmen. Durch entsprechende Attribute wird bei der Formulierung einer Anforderung zwischen einer informellen Erläuterung und einer semi-/formalen Beschreibung unterschieden.

Anforderungen in semi-/formaler Darstellung werden beispielsweise durch Pseudo-Code oder geeignete graphische Darstellungen beschrieben, wobei der Schwerpunkt hier auf der Verwendung von Zuordnungs-, Entscheidungs- und Zustandsübergangstabellen liegt. So werden bei Anforderungen zur Verarbeitung bzw. Bereitstellung externer Signale und deren Abbildung auf Variablen entsprechende Zuordnungstabellen angewendet. Prüfungen sowie Vor- und Nachbearbeitung werden hingegen mittels Entscheidungstabellen abgebildet.

Somit bleibt auf die Zustandsübergangstabellen und ihre Rolle als zentrales Mittel der Spezifikation einzugehen. Diese Tabellen implementieren boolesche Terme disjunkter Normalform (DNF). Eingangsvariablen werden so auf Betriebsarten bzw. Betriebszustände abgebildet, was die Abbildung der Wertebereiche analoger Variablen auf diskrete Variablen einschließt.

An zyklisch arbeitenden Systemen bzw. an der Anwendung der DNF wird kritisiert, dass das zeitliche Verhalten bzw. alle Zustandsübergänge vollumfänglich bekannt sein und im Voraus geplant werden müssen. Dies wird insbesondere auch im Kontext der Wartung angeführt.

Alternativ wäre ein System mit dynamischer Zuteilung von Tasks möglich. Um echtzeitrelevante Eigenschaften eines solchen Systems ohne logische Abhängigkeiten zwischen den Tasks nachzuweisen, wäre eine Analyse für alle zeitlichen Kombinationen externer Ereignisse notwendig. Treten logische Abhängigkeiten zwischen Tasks hinzu, wird das System und damit auch die Analyse komplexer. Die Kenntnis logischer Zusammenhänge wäre im Rahmen der Entwicklung ebenfalls unabdingbar. Die Entscheidung für das eine oder andere Prinzip hängt letztlich von dem zu steuernden Prozess ab.

Die Kritik an der vollständigen Definition von Zustandsübergangstabellen soll hier jedoch aufgenommen werden. So gibt es im Rahmen der regulären Funktion einige wenige Kombinationen des Eingangsvektors, die ihren jeweiligen Betriebszuständen zugeordnet werden können. Der Großteil der möglichen Kombinationen bleibt zunächst jedoch ohne Zuordnung. Nun gibt es Kombinationen, die von der Zuordnung eines Betriebszustands um genau einen Eingangswert abweichen. Diese Kombinationen sind beispielsweise auf Basis einer entsprechenden Regel zu ermitteln. Dann ist zu prüfen, ob diese Kombinationen keine bestehende Zuordnung überdecken oder nicht eindeutig zuzuordnen sind. Ist beides nicht Fall, könnten diese Kombinationen ebenfalls dem naheliegenden Betriebszustand zugeordnet werden. Das System würde dadurch robust reagieren bzw. eine entsprechende Meldung senden. Alle weiteren, noch nicht zugeordneten Kombinationen fordern offensichtlich eine Fehlerreaktion des Systems und können entsprechend zugeordnet werden.

Durch die zyklische Bearbeitung der Zustandsübergangstabelle können Verklemmungen vermieden sowie unerwünschte Zustandsübergänge festgestellt werden. Vollständigkeit und Widerspruchsfreiheit können auf Basis der Zustandsübergangstabellen analysiert und nachgewiesen werden. Durch die explizite Beschreibung fehlerhafter Kombinationen bzw. Zustandsübergänge können deren Detektion sowie geeignete Fehlerreaktionen zeitnah erfolgen. Die Übersichtlichkeit lässt sich durch Anwendung geeigneter Maßnahmen verbessern. So kann die DNF mit Hilfe entsprechender Algorithmen minimiert werden (z. B. Quine/McCluskey/Petrick oder ESPRESSO). Entsprechende Methoden zur Optimierung werden durch die Normen nicht (explizit) empfohlen. Man kann jedoch nachweisen, dass das Ergebnis eines Optimierungsschrittes logisch den Ausgangsdaten entspricht, was beispielsweise durch deren gegenseitige Zuordnung realisierbar ist. Wird für die Ausgangsdaten die Vollständigkeit und die Widerspruchsfreiheit nachgewiesen, kann man auf die Korrektheit der optimierten Darstellung schließen.

1.3 Spezifikation der Architektur

Bei der Entwicklung der Softwarearchitektur ist festzulegen, welche Softwarekomponenten miteinander Daten austauschen und welche Funktionen in welcher
Reihenfolge auszuführen sind. Hier wird davon ausgegangen, dass das Basissystem die Ablaufkontrolle ausübt. Die projektspezifische Anwendung interagiert
ausschließlich über Dienste des Basissystems. Funktionen des Basissystems, beispielsweise Systemprüfungen, bleiben für die Anwendung weitgehend transpa-
rent.

Die hier zitierten Architekturmodelle werden beispielsweise im Rahmen der
Unified Modeling Language (UML) in grafischer Form dargestellt. Jedoch werden hier Verteilung, Datenfluss sowie Kontrollfluss in einer reduzierten, tabella-
rischen Form abgebildet.

Zunächst legt man die Komponenten von Hardware, Basissoftware und pro-
jektspezifischer Software fest. Für jede Komponente werden zusätzlich der Reife-
grad, die Sicherheitseinstufung sowie die Version ergänzt. Die Verteilung der projektspezifischen Softwarekomponenten auf Hardwarekomponenten erfolgt durch
eine Zuordnungstabelle.

Der Datenfluss wird realisiert, indem Softwarekomponenten als Datenziel und
Datenquelle zugeordnet werden. Weiterhin werden Dienste des Basissystems für
den Datenaustausch sowie für Prüfungen bzw. Diagnosen hinzugefügt.

Abschließend gilt es noch, die Ablaufkontrolle zu behandeln. Wie bereits
angesprochen soll auch hier eine tabellarische Abbildung genügen. Dabei gilt,
dass Zeilen synchronisierte Einheiten darstellen, die Reihenfolge der Zeilen also als Abfolge von Funktionen zu verstehen ist. Jede Synchronisationseinheit
muss identifizierbar sein. Und, jeder Synchronisationseinheit sind eine Hard-
warekomponente, eine entsprechende Softwarekomponente und eine Funktion
zugeordnet. Durch die Zuordnung mehrerer Komponenten werden Redundanz
bzw. Diversität abgebildet, d. h. einer Synchronisationseinheit parallel zugeord-
nete Hardwarekomponenten realisieren beispielsweise unterschiedliche, parallel
abzuarbeitende und gegebenenfalls zu synchronisierende Funktionen.

2 Evaluation von Methoden

Zumeist sind Prozesse zur Entwicklung sicherheitsrelevanter Systeme etabliert.
Technische oder methodische Trends erfordern jedoch mitunter aufwändige und
langwierige Anpassungen. Die Auswirkungen dieser Veränderungen sind gegebenenfalls schwer abschätzbar und durchaus mit gewissen Risiken verbunden,
wobei ein enger Zusammenhang zwischen den angewandten Methoden und der
Effizienz bzw. Wirtschaftlichkeit des Prozesses besteht.

2.1   Erläuterung des Fragenkatalogs

Mit Blick auf das vorgestellte Modell soll nun ein Fragenkatalog entwickelt werden, der bei der Evaluation von Methoden unterstützt. Ohne Anspruch auf Vollständigkeit sollen die Fragen dazu anregen, die Eignung und Wirkungsweise von Methoden zu beleuchten und deren Auswirkungen auf den Entwicklungsprozess abzuschätzen.

So ist nicht jede Methode gleichermaßen für die Lösung einer gestellten Aufgabe geeignet. Verschiedene Ausprägungen eines Lösungsprinzips können für unterschiedliche Schwerpunkte geeignet sein. Gegebenenfalls bietet eine Methode eine Reihe unterschiedlicher Lösungswege, wobei lediglich ein Teil davon im konkreten Fall notwendig ist.

Darüber hinaus sind Methoden zumeist jeweils für ein spezifisches Problem im Entwicklungsprozess geeignet. So ist es notwendig, die Methoden aufeinander abzustimmen, wie beispielsweise die Spezifikation, Analysen und Tests auf den jeweiligen Abstraktionsebenen.

Zur Anwendung einer Methode sind oft spezifische Kompetenzen erforderlich, beispielsweise die Anwendung formaler Methoden. Ist eine solche Kompetenz nicht vorhanden, stellt sich die Frage, ob diese akquiriert werden kann.

Sind dann für die Anwendung einer Methode besondere Kompetenzen erforderlich, können gegebenenfalls Teile der Arbeitsergebnisse dennoch intuitiv verstanden werden, wie beispielsweise formalisierte graphische Darstellungen.

Unterstützende Werkzeuge bei der Anwendung einer Methode sind zumindest bei wachsenden Datenmengen oder bei Änderungen oft unabdingbar. Die Integration werkzeugbasierter Methoden lässt sich einfacher und effizienter gestalten und bietet vielfältige Möglichkeiten zur Datenanalyse. Eine gute Unterstützung sowohl bei der Bearbeitung von Änderungen der Daten als auch des Modells ist notwendig.

Im Rahmen der Entwicklung müssen Spezifikationen verschiedener Abstraktionsstufen geprüft und die entsprechenden Implementierungen getestet werden. Hierzu ist die Anwendung komplementärer Methoden notwendig. Der Beitrag einer Methode zur Sicherheit der Software bzw. des Systems muss entsprechend eingeordnet werden.

Formale Methoden können als Grundlage dafür verstanden werden, welche Mittel für formale Analysen notwendig sind. Stellt eine Methode nicht selbst entsprechende Mittel bereit, so können geeignete Attribute ergänzt und dadurch formale Analysen ermöglicht werden. Insbesondere Anforderungen in natürlicher Sprache lassen Raum zur Interpretation; geeignete Attribute können solche Anforderungen präzisieren und damit auch zur quantitativen Bewertung beitragen.

In einem etablierten Entwicklungsprozess gibt es gegebenenfalls Routinen für die Anwendung von Methoden. Vergleichbarkeit mit bisherigen Projekten ist oft ein starkes Argument, auch wenn eine technische Integration nicht vollständig realisiert ist. Technische Schnittstellen und organisatorische Rahmenbedingungen können jedoch eine Hürde bei der Integration neuer Methoden oder Werkzeuge sein.

Auch wenn eine Methode geeignet erscheint, kann über ihren Erfolg letztlich die Akzeptanz entscheiden und die abhängt von vielen Faktoren ab. Es gilt also abzuwägen, ob man Akzeptanz schaffen kann, oder ob gegebenenfalls eine Alternative in Betracht kommt.

Eine abschließende Bewertung, inwieweit sich eine Methode auf die Effizienz einer Entwicklung auswirkt, ist unabdingbar. Wie bei allen aufgeführten Fragen sind hier sowohl Fakten zu benennen als auch Annahmen zu treffen. Es ist daher äußerst wichtig, beides regelmäßig zu überprüfen.

Zusammenfassend kann man die folgenden Fragen formulieren:

1. Ist eine Methode zur Lösung eines spezifischen Problems geeignet?
2. In welcher Phase bzw. für welche Aufgabe kann eine Methode verwendet werden?
3. Sind besondere Kompetenzen zur Anwendung einer Methode notwendig und verfügbar oder gegebenenfalls akquirierbar?
4. Ist das Ergebnis einer Methode einfach zu interpretieren?
5. Ist die Unterstützung einer Methode durch geeignete Werkzeuge notwendig und verfügbar oder gegebenenfalls akquirierbar?
6. Wie flexibel ist eine Methode in der Anwendung bzw. bei Änderungen?
7. Ist eine geeignete komplementäre Methode zur Prüfung der Ergebnisse notwendig bzw. verfügbar?
8. Trägt eine Methode zur Fehlervermeidung bzw. Fehlerbeherrschung bei?
9. Inwieweit unterstützt eine Methode eine Analyse in Anlehnung an formale Modelle?
10. Inwieweit lässt sich eine Methode in den bestehenden Entwicklungsprozess integrieren?
11. Ist eine Methode im potenziellen Anwendungsbereich akzeptiert?
12. Inwieweit wirkt sich die Einführung einer Methode auf die Effizienz des Entwicklungsprozesses aus?

Bei allen Betrachtungen sollte man das Augenmerk nicht nur auf die konstruktiven Methoden und die Methoden zur Analyse und Prüfung richten, sondern auch die allgemein notwendigen Methoden zur Qualitätssicherung berücksichtigen, beispielsweise das Konfigurations- und Kompatibilitätsmanagement. So kann der erforderliche Aufwand im Rahmen einer Standardisierung auf Basis von Plattformen bzw. Frameworks schnell anwachsen.

2.2 Einschätzung des Referenzmodells

Auf Grundlage des Fragenkatalogs wird abschließend das Referenzmodell selbst bewertet: Es eignen sich zur Spezifikation von Software insbesondere solcher Systeme, deren Zustände auf Basis diskreter Eingangssignale ermittelt werden können. Dies schließt die Möglichkeit der Zuordnung analoger Wertebereiche auf diskrete Variablen ein. Die Schemata dienen der Spezifikation der Anforderungen und der Architektur. Automatische Prüfungen des Modells sind möglich. Parameter generischer Funktionen können aus dem Modell generiert werden.

Das Modell setzt ein grundsätzliches Verständnis der Systemtheorie sowie der Anwendung relationaler Datenstrukturen und Logik-Tabellen voraus. Die entsprechenden Kompetenzen sollten gut verfügbar bzw. akquirierbar sein. Natürliche Sprache sowie tabellarische Darstellungen werden im Modell miteinander kombiniert und können gegebenenfalls durch Graphiken ergänzt werden. Die Schemata sind klassifiziert und verfügen über wenige Varianten. Die Abbildung von Modulen und Hierarchien ist möglich. Alle Schemata sind übersichtlich und sollten gut verständlich sein.

Die Nutzung eines Werkzeugs für das Anforderungs-Management ist notwendig und gegebenenfalls durch entsprechende Logik-Tabellen zu ergänzen. Die Schemata bzw. die Durchführung von Änderungen können durch zusätzliche Attribute bzw. geeignete Analysen unterstützt werden. So sind automatische Analysen der Vollständigkeit, Widerspruchsfreiheit und Konsistenz möglich. Geeignete Tests bzw. Testdaten können generiert werden. Analysen in Anlehnung an formale Methoden sind möglich. So ist das Modell darauf ausgerichtet, Fehler in der Spezifikation von Anforderungen und der Architektur zu vermeiden.

Insbesondere werden statische Analysen unterstützt. So sind die Beziehungen von System-Eingängen und -Zuständen abgebildet. Die Beziehungen zwischen Zuständen, Aktionen und Ausgaben sind nachvollziehbar. Vorbedingungen werden in Bezug gültiger Zustände modelliert. Zusammenhänge zwischen Ausgangs- und Zielzustand sind ebenfalls analysierbar.

Die vorgestellten Schemata lassen sich direkt in eine bestehende Infrastruktur zur Verwaltung von Anforderungen integrieren. Es sind weder technische noch methodische Risiken erkennbar.

Die Erweiterung der Anforderungen und der Architektur mittels formaler Elemente stellt gegebenenfalls eine Hürde für die Akzeptanz des vorgestellten Modells dar. Diese kann jedoch durch übliche Maßnahmen beim Rollout, wie beispielsweise Schulungen, Anwender-Support, Key-User bzw. Referenz-Projekte, abgebaut werden.

Bedingt durch die formalen Aspekte und die kompakten Schemata sowie den sich daraus ergebenden Möglichkeiten zur automatisierten Analyse bzw. Prüfung lässt sich das vorgestellte Modell als sehr effizient bewerten.

3   Ausblick

Das vorgestellte Modell wird im nächsten Schritt prototypisch implementiert. Dabei sollen folgende Aspekte weiter untersucht werden:

1. Bearbeitung und Minimierung boolescher Terme
2. Formale Analysen
3. Generierung von Source-Code und natürlich-sprachlicher Beschreibungen
4. Konfigurationsmanagement
5. Benutzerunterstützung

Zudem werden die im Modell hinsichtlich des Basissystems getroffenen Annahmen hinterfragt bzw. präzisiert und konkrete Anforderungen daraus abgeleitet. Darüber hinaus soll die Einbettung in das übergeordnete System beleuchtet werden. Dazu zählen beispielsweise die Anbindung eines leicht verifizierbaren ausfallsicherheitsgerichteten Reglers nach [Halang, Konakovsky] und die Standardisierung der Fahrzeugsteuerung.

Zur Anwendung des Modells werden eine Richtlinie sowie die Pläne für Qualitätssicherung, Verifikation und Validierung erstellt. Diese sollen im Rahmen eines Portals realisiert und der damit abgebildete Prozess zertifiziert werden. Zur Ergänzung des Fragenkatalogs sollen zudem weitere Möglichkeiten zur Bewertung des Modells untersucht werden. Des weiteren können bereits durchgeführte Projekte bzw. entsprechende Datenbestände analysiert werden, um daraus Schlüsse für die Optimierung bei Folgeprojekten zu ziehen.

Literaturverzeichnis

1. Daenzer, Huber (Hrsg.): Systems Engineering; 2002; 11. Auflage; Verlag Industrielle Organisation
2. Halang, Konakovsky: Sicherheitsgerichtete Echtzeitsysteme; 2013; 2. Auflage; Springer Vieweg
3. Lehmann: Auswahl und Anwendung von Methoden zur Spezifikation von Anforderungen und Architektur für die Softwareentwicklung gemäß DIN EN 50128 bzw. DIN EN 50657; 2018; Abschlussarbeit im Master-Studium Elektro- und Informationstechnik an der FernUniversität in Hagen
4. Lehmann: Sicherheitsstandards der Eisenbahntechnik - Überblick zu den Normen DIN EN 50126:2000-03, DIN EN 50128:2012-03, DIN EN 50129:2003-12; 2014; Seminararbeit Sicherheitsgerichtete Echtzeitsysteme
5. Liggesmeyer, Rombach (Hrsg.): Software Engineering eingebetteter Systeme; 2005; 1. Auflage; Spektrum Akademischer Verlag, Elsevier GmbH
6. Bahnanwendungen – Anwendungen für Schienenfahrzeuge – Software auf Schienenfahrzeugen; DIN EN 50657:2017-11; Deutsche Fassung EN 50657:2017
7. Bahnanwendungen – Telekommunikationstechnik, Signaltechnik und Datenverarbeitungssysteme – Software für Eisenbahnsteuerungs- und Überwachungssysteme; DIN EN 50128:2012-03; Deutsche Fassung der EN 50128:2011

Timekeeper - Zeiterfassung mittels RFID und Raspberry Pi

Denise Papaioannou[1] und Mario Kubek[2]

[1] Fachhochschule Südwestfalen, 58644 Iserlohn
papaioannou.denise@fh-swf.de
[2] Lehrgebiet Kommunikationsnetze, FernUniversität in Hagen, 58084 Hagen
mario.kubek@fernuni-hagen.de

Zusammenfassung. In diesem Beitrag wird die Konzeptionierung und Entwicklung einer Arbeitszeiterfassung in Echtzeit unter Zuhilfenahme von RFID in Kombination mit einem Raspberry Pi beschrieben. Zur Verwaltung der erfassten Zeitdaten wurde eine Webanwendung entworfen und implementiert. Das Projekt – bezeichnend „Timekeeper" genannt – wurde im Rahmen des Moduls „Skriptsprachen" im Bachelor-Studiengang „Informatik" der Fachhochschule Südwestfalen erfolgreich angefertigt.

1 Einleitung

Zum Abschluss des Moduls „Skriptsprachen" der Fachhochschule Südwestfalen ist die Anfertigung einer Projektarbeit notwendig. Im Zuge der Themenfindung kam der Wunsch nach einer kompakten, jedoch leistungsfähigen Lösung für eine einfach zu nutzende Arbeitszeiterfassung auf. Diese sollte eine Hilfe zur Selbstkontrolle darstellen, die auch in kleinen und mittelständigen Unternehmen ohne hohen Integrationsaufwand einsetzbar ist und die jeweilige Netzwerkinfrastruktur unangetastet lässt. Auf diese Weise sollte eine hohe Wartbarkeit der Lösung sichergestellt werden. Aus diesen Überlegungen ergab sich eine kleine Zeiterfassung [1] basierend auf einem Raspberry Pi [2] und einer Webanwendung, die der Verwaltung der anfallenden Daten dient und die über das WLAN des Raspberry Pi erreichbar ist. Die Konzeptionierung und Realisierung dieser Lösung wird in den nachfolgenden Abschnitten beschrieben.

2 Lösungsentwurf

In diesem Abschnitt werden die Entwürfe näher erläutert. Zuerst wurden die Anwendungsfälle definiert. Diese wurden anschließend in dem nachfolgenden Diagramm zusammengefasst. Danach wird das Datenbank-Schema beschrieben. Da nicht viele verschiedene Daten gespeichert werden müssen, fällt dieses recht einfach aus. Im Anschluss wurde die Oberfläche der Webanwendung entworfen. Dabei mussten verschiedene Endgeräte berücksichtigt und unterstützt werden, wie zum Beispiel Smartphones.

2.1 Anwendungsfälle

In diesem Projekt wird es zwei Systeme geben: zum einen den RFID-Leser (RFID-Reader) und zum anderen eine Webanwendung zur Steuerung und Verwaltung des Gesamtsystems. Über den RFID-Leser können nur Zeiten erfasst werden; dies geschieht durch das Vorhalten eines RFID-Tags. In der Webanwendung können erfasste Daten bearbeitet werden.

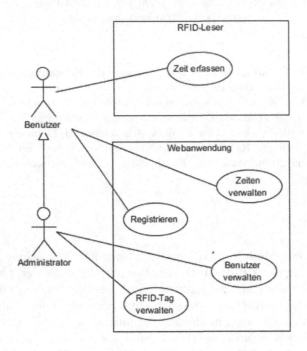

Abb. 1. Anwendungsfalldiagramm

Dies umfasst auf der einen Seite das Löschen und auf der anderen Seite das Neuanlegen von Zeiten. Ein Benutzer kann sich selbst registrieren, um dem Administrator Verwaltungsarbeit abzunehmen. Wie aus der Vererbung im Diagramm ersichtlich, kann ein Administrator alle Funktionen wie ein normaler Benutzer verwenden. Des Weiteren kann der Administrator einen Benutzer und die RFID-Tags verwalten. Das Verwalten eines Benutzers umfasst das Zurücksetzen des Kennwortes und das Löschen eines Benutzers. Zur Verwaltung der Tags zählen das Hinzufügen von neuen Tags und das Löschen von alten. Des Weiteren kann der Administrator die Zuordnung vom Tag zum Benutzer festlegen. Dabei ist zu beachten, dass einem Benutzer nur ein Tag gleichzeitig zugeordnet werden kann und einem Tag auch nur ein Benutzer. So entsteht eine eindeutige Beziehung, die es ermöglicht, dass der Benutzer keine weiteren Eingaben tätigen muss, um eine Zeit über RFID zu erfassen.

2.2 Datenbank

Dieser Abschnitt stellt das verwendete Datenbank-Schema vor. Die Datenbank wird sowohl im Zuge der Zeiterfassung als auch bei der Verwaltung der dabei anfallenden Daten genutzt. In Abb. 2 wird das Datenbank-Schema dargestellt.

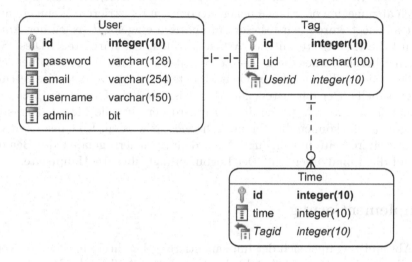

Abb. 2. Datenbankmodell

User

Die Tabelle „User", die die Nutzerdaten aufnimmt, wird vom nachstehend angesprochenen Django-Framework [3] zur Verfügung gestellt. In dem Diagramm werden nicht alle Spalten dieser Tabelle dargestellt, sondern nur jene, die im Projekt verwendet werden.

Tag

In der Tabelle „Tag" werden die Informationen zum RFID-Tag gespeichert. Beim Anlegen eines neuen Tags ist die auf dem Chip gespeicherte UID (Unique ID) anzugeben. Die Verbindung zu einem User kann später eingetragen werden, wodurch ein Tag beim ersten Erfassen einer Zeit automatisch in die Tabelle „Tag" eingetragen werden kann. Daraufhin kann der Administrator die Verknüpfung zum User später nachholen.

Time

Die Tabelle „Time" beinhaltet alle Zeiterfassungen als Unix-Zeitstempel. Des Weiteren wird der verwendete Tag eindeutig referenziert.

2.3 Webanwendung

Bei der Gestaltung der Oberfläche der Webanwendung wurde Wert darauf gelegt, dass alle Daten auch auf mobilen Endgeräten einfach für den Nutzer zu erfassen sind. Dies ist über ein sogenanntes responsives Design gewährleistet. Wenn die Seite auf einem kleinen Bildschirm dargestellt werden muss, platzieren sich die drei Felder mit den bisher erbrachten Zeiten untereinander. Dadurch wird der vorhandene Platz optimal genutzt.

Alle Bereiche der Anwendung setzen einen eingeloggten Benutzer voraus; deshalb wird der Benutzer zuerst auf die Login-Seite umgeleitet. Dort hat er die Wahl sich anzumelden oder einen neuen Account zu registrieren. Wenn ein neuer Account angelegt wurde, wird dieser automatisch eingeloggt. Nach der Anmeldung wird die Hauptseite mit der Arbeitszeitübersicht dargestellt. Diese Seite gibt einen Überblick über die geleistete Arbeitszeit. Auf der Monatsübersichtsseite sollen die detaillierten Zeiten eines Monats angezeigt werden; dies geschieht mit einer Tabelle. Der darzustellende Monat ist über ein Dropdown-Menü auszuwählen. Beim ersten Aufrufen der Seite wird der aktuelle Monat dargestellt. Über diese Tabelle können die Zeiten auch gelöscht werden. Eine neue Zeit wird über eine weitere Seite hinzugefügt. Nach dem Speichern gelangt der Benutzer wieder auf die Monatsübersicht. Der Logout erfolgt über die Hauptseite.

3   Implementierung

Dieser Abschnitt widmet sich der Implementierungsbeschreibung. Das in Abb. 3 dargestellte Architekturmodell stellt den kompletten Aufbau des Projektes dar. Wie ersichtlich ist, kann der Benutzer entweder über den Browser auf die Webseite zugreifen oder mit einer Chipkarte das RFID-Lesegerät verwenden.

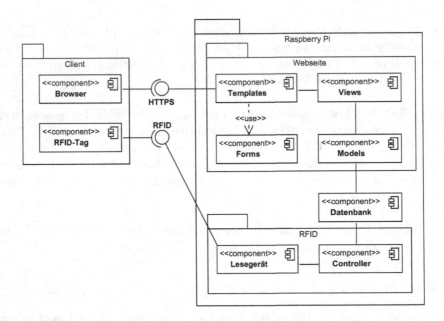

Abb. 3. Architekturmodell

Die Webanwendung läuft auf dem Raspberry Pi [2] und setzt sich aus verschiedenen Komponenten zusammen. Diese ergeben sich durch die Verwendung des Web-Frameworks „Django" [3]. Bei den Templates handelt es sich um verschiedene HTML-Dateien. Die Komponenten „Views", „Forms" und „Models" bestehen jeweils aus einer Python-Datei [4] mit mehreren Klassen. Der Teil des Projektes, der sich mit der RFID-Schnittstelle befasst, besteht aus dem Lesegerät und einem Skript, das als Controller dient. Das Skript legt neue Zeiten in der Datenbank ab. Wenn der dazugehörige Tag noch nicht in der Datenbank ist, wird dieser neu angelegt. Die Datenbank ist eine zentrale Komponente, da sowohl der Controller als auch die Webseite darauf zugreifen. Es handelt sich um eine SQLite-Datenbank [5].

3.1 RFID-Lesegerät

Bei dem Lesegerät handelt es sich um ein RFID-Modul mit dem RC522 IC [6]. Dieses wird über das SPI („Serial Peripheral Interface") angesprochen [7], bei den Tags kamen MIFARE Classic Chipkarten [8] zum Einsatz.

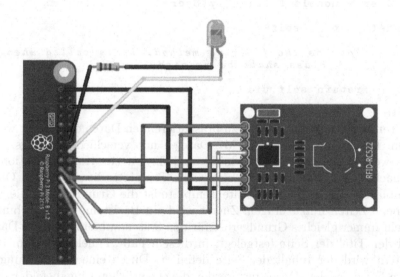

Abb. 4. Verbindung zwischen dem Raspberry Pi und dem RFID-RC522 Modul

Der hierzu nötige Controller ist – wie das gesamte Projekt – in Python [4] verfasst. Dabei handelt es sich um ein Skript, welches in Echtzeit die UID der Karte einliest und zusammen mit einem Zeitstempel in der Datenbank speichert. Wenn die UID noch nicht in der Tabelle „Tag" hinterlegt ist, wird ein neuer Eintrag angelegt. Dies nimmt dem Administrator das manuelle Anlegen ab und verhindert auch Fehler beim Abtippen der UID. Wenn ein Benutzer seine Karte vor das Lesegerät hält, erfolgt ein optisches Feedback durch eine LED, welches signalisiert, dass die Karte erkannt wurde. Die Steuerung der LED geschieht ebenfalls durch dem Controller.

3.2 Webanwendung

Zur Implementierung der Webanwendung wurde das Framework Django verwendet. Dieses Framework nutzt nicht den herkömmlichen Ansatz des Model-View-Controller-Prinzips, sondern das MTV-Modell (Model-View-Template). Dieses Modell unterscheidet sich von diesem allerdings nur geringfügig und wird im Folgenden erklärt.

Model

Das Model bildet die Datenbanktabellen ab. Alle Model-Klassen befinden sich in der Datei „model.py". Der Verbindungsaufbau zur Datenbank wird vom Framework übernommen.

Listing 1. model.py

```
class Tag(models.Model):
    """
    This class represents the table Tag.
    """
    uid = models.CharField(max_length=100)
    user = models.ForeignKey(User)

    def __str__(self):
        """
        This is the toString method. It is called when the
            class shall be printed.
        """
        return self.uid
```

Template

Das Template definiert, wie die zu präsentierenden Daten dargestellt werden sollen. Es handelt sich um HTML-Dateien mit verschiedenen Tags. Diese Tags werden durch Django definiert und dienen zur Kommunikation mit der nachfolgend beschriebenen View. Alle Templates liegen in dem Ordner „Templates". Das hier dargestellte Template ist die Grundlage für die Seite, um neue Zeiten hinzuzufügen. Zuerst wird ein Basistemplate eingebunden, um ein immer gleiches Grundgerüst für den Seitenaufbau zu haben. Danach wird der Titel der Seite festgelegt, in diesem Fall „Timekeeper". Im Block „content"wird der Inhalt der Seite definiert. Durch eine Verknüpfung mit einem Form aus der „Forms.py" werden die eigentlichen Eingabefelder später generiert. Diese Verknüpfung wird in der zum Template gehörenden View definiert.

Listing 2. timeform.html

```
{% extends "base.html" %}

{% block title %}Timekeeper{% endblock %}
{% block content %}
<h2>Neue Zeit</h2>
    <div>
        <form action="" method="POST">
            {% csrf_token %}
            {% include 'timekeeper/form-template.html' %}
            <div>
```

```
              <button type="submit">Absenden</button>
          </div>
       </form>
    </div>
<div class="buttom_div">
    <a href="{% url 'times' %}">Zurueck</a>
</div>
{% endblock %}
```

View

Die View bestimmt, welche Daten angezeigt werden sollen. Des Weiteren findet hier die Verarbeitungslogik statt. Alle Views befinden sich in der „views.py". Das verwendete Template ist unter „template_name" und die verknüpfte Form unter „form_class" angegeben. Die in Listing 3 dargestellte View definiert das Verhalten der Seite „login". Bei der GET-Methode wird das Template als HTML-Seite generiert. Die POST-Methode wird nach dem Abschicken des HTML-Formulars aufgerufen. Zuerst wird geprüft, ob die Daten korrekt angegeben wurden. Dabei wird ein Feld „cleaned_data" angelegt, welches die Eingaben des Benutzers enthält. Diese werden zudem von potenziell vorhandenem Schadcode bereinigt und anschließend in eine SQL-Anfrage eingefügt. Die Login-Daten werden übernommen und der Benutzer wird eingeloggt, sofern er nicht gesperrt ist und die Daten korrekt sind.

Listing 3. view.py

```
class LoginFormView(View):
    """
    This view is managing the login.
    """
    form_class = LoginForm
    template_name = 'timekeeper\\login.html'

    def get(self, request):
        """
            HTTP_METHOD = GET

        This method returns the template login.html
            combined with the form "LoginForm".
        """
        form = self.form_class(None)
        return render(request, self.template_name, {'form'
            : form})

    def post(self, request):
        """
            HTTP_METHOD = POST

        This form checks if the user input is valid.
        If it is valid the user is logged in.
        When the loggin was successful the user is
            redirected to the indow page.
        """
        form = self.form_class(request.POST)

        if form.is_valid():

            username = form.cleaned_data['username']
```

```
        password = form.cleaned_data['password']

        # returns User
        user = authenticate(username=username,
            password=password)

        if user is not None:
            # nicht gesperrt?
            if user.is_active:
                login(request, user)
                return render(request, 'timekeeper/
                    index.html')

    return render(request, 'timekeeper/login.html')
```

Form

Ein HTML-Formular kann von Django erzeugt werden. Um dieses generieren zu können, muss dem Framework ein Grundgerüst mit den Feldern mitgegeben werden. In diesem Beispiel wird das Formular zum Registrieren beschrieben. Es werden die Felder „username" und „email" aus dem Model „User" übernommen. Das Passwortfeld wird in der Klasse überschrieben, damit die Eingaben des Benutzers nicht im Klartext dargestellt werden.

Listing 4. form.py

```
class UserForm(forms.ModelForm):
    """
    These form defines the input fields of the
        registration form.
    The password field is redifiend as a passwordinput.
    """
    password = forms.CharField(widget=forms.PasswordInput)

    class Meta:
        """
        These subclass defines the model whis is used and
            the fields.
        """
        model = User
        fields = ['username', 'email', 'password']
```

Routing

Das Routing zu den einzelnen Seiten geschieht über die „urls.py". In dieser Datei werden die verschiedenen Adressen mit den Templates verbunden. Über die definierten Namen können diese Routen in anderen Templates aufgerufen werden.

Listing 5. urls.py

```
urlpatterns = [

    #/timekeeper/
    url(r'^$', views.Index.as_view(), name='index'),

    #/timekeeper/times
    url(r'^times/$', views.Times.as_view(), name="times"),

    #/timekeeper/login
```

```
url(r'^login/$', auth_views.login, name='login_page'),

#/timekeeper/times/add
url(r'^times/add/$', views.TimeFormView.as_view(),
    name='time-add'),

#/timekeeper/times/delete/pk
url(r'^times/delete/(?P<pk>\d+)/$', views.del_time,
    name='times-delete',),

#/timekeeper/register
url(r'^register/$', views.UserFormView.as_view(), name
    ='user-add'),

#logout
url(r'^logout/$', logout, {'next_page': settings.
    LOGOUT_REDIRECT_URL}, name='logout'),
]
```

3.3 Administrator

Da Django für kleine Webanwendungen entwickelt wurde, bietet es von Haus aus gewisse Administratorfunktionen. Jedes Model kann über die „admin.py" registriert werden. Wenn ein solches eingetragen wurde, können alle CRUD Funktionen (Erstellen, Lesen, Ändern und Löschen) über die Admin-Webseite ausgeführt werden. Dies umfasst auch das Zurücksetzen von Passwörtern und das Zuordnen des Tags zum Benutzer. Dadurch muss der Administrationsbereich nicht bei jeder Anwendung neu geschrieben werden, da sich die Funktionen selten gravierend voneinander unterscheiden.

3.4 Datenbank

In diesem Projekt wurde die von Django zur Verfügung gestellte Datenbank db.sqlite3 [5] verwendet. In dieser befinden sich bereits die Django-Benutzer. Daher mussten nur die zuvor genannten Tabellen „Tag" und „Time" hinzugefügt werden. Die Datenbankverbindung wird in der „settings.py" angegeben. Die Tabellen werden aus den zuvor definierten Models generiert. Dies geschieht über Funktionen, die Django in seinem Verwaltungsskript „manage.py" mitliefert.

4 Sicherheitsaspekte

Da dieses Projekt nur einen Prototyp einer Arbeitserleichterung darstellt, sind im Bereich der Sicherheit noch einige Verbesserungen möglich. Diese könnten in Zukunft noch umgesetzt werden. Die in diesem Projekt verwendeten RFID-Tags sind nicht sicher und können zum Beispiel einfach kopiert werden. Dies ließe sich mit besserer – aber dadurch auch teurerer – Hardware beheben. Durch die Verwendung von Django ist die Webanwendung gegen Angriffe wie Cross

88   D. Papaioannou, M. Kubek

Site Scripting und SQL Injection weitestgehend gesichert, da durch die speziellen „Form-Klassen" die eingegebenen Daten validiert und maskiert werden. Nur der Administrator kann personenbezogene Daten anderer Nutzer einsehen und bearbeiten. Andere Benutzer können nicht einsehen, wer die Plattform noch verwendet. Falls die Webanwendung nicht nur in einem lokalen Netz, sondern insbesondere auch über das Internet erreichbar sein soll, sollte die Kommunikation zwischen Client und dieser mittels HTTPS abgesichert werden.

5 Ausblick

Das Projekt ist erfolgreich abgeschlossen worden. Die präsentierte Lösung ist in der Lage, rechnergestützt und auf unkomplizierte Weise die Erfassung von Arbeitszeiten in Echtzeit zu ermöglichen. Dabei kommt diese mit geringen Hardwareressourcen aus. Als weiterführende Ergänzung kam der Wunsch auf, mehrere Terminals (RFID-Reader) gleichzeitig zu unterstützen. Bei der derzeitigen Lösung ist der Reader direkt mittels SPI an den Raspberry Pi angeschlossen. Diese Art der Kommunikation ist nicht für längere Distanzen ausgelegt, weshalb für die sinnvolle Nutzung mehrerer räumlich verteilter Reader ein alternativer Kommunikationskanal gefunden werden muss. Dies könnte das WLAN des Raspberry Pis sein, aber auch ein anderes Bussystem. Des Weiteren muss eine Lösung für das Erkennen der gleichen UID an zwei Terminals zur (fast) gleichen Zeit gefunden werden. Um Fehleingaben zu vermeiden, darf dieser Fall nicht auftreten und sollte deshalb unterbunden werden. Wie bereits im vorherigen Abschnitt erwähnt, könnte auch die Hardware gegen eine sichere Variante getauscht werden.

Literaturverzeichnis

1. Papaioannou, Denise; Timekeeper - Zeiterfassung mittels RFID und einem Raspberry Pi, Ausarbeitung im Fach „Skriptsprachen", Fachhochschule Südwestfalen (2017)
2. The Raspberry Pi Foundation; Raspberry Pi 3 Model B+ (2017) https://www.raspberrypi.org/products/raspberry-pi-3-model-b-plus/ (abgerufen am 24.07.2018)
3. The Django Software Foundation; Django, Version 1.11 (2017) https://www.djangoproject.com/ (abgerufen am 24.07.2018)
4. The Python Software Foundation; Python, Version 3.6.2 (2017) https://www.python.org/ (abgerufen am 24.07.2018)
5. The SQLite Consortium; SQLite, Version 3.21.0 (2017) https://www.sqlite.org/ (abgerufen am 24.07.2018)
6. NXP Semiconductors; MFRC522 – Standard performance MIFARE and NTAG frontend (2017) https://www.nxp.com/docs/en/data-sheet/MFRC522.pdf (abgerufen am 24.07.2018)
7. Ondryáš, Ondřej; Raspberry Pi Python library for SPI RFID RC522 module (2017) https://github.com/ondryaso/pi-rc522 (abgerufen am 24.07.2018)
8. NXP Semiconductors; MIFARE Classic 1K - Chipkarten (2017) https://www.mifare.net/en/products/chip-card-ics/mifare-classic/ (abgerufen am 24.07.2018)

Schutz automatisierungstechnischer Programme vor Umkehrentwicklung

Sergej Gertje

ehem. Lehrstuhl für Informationstechnik, insb. Realzeitsysteme
FernUniversität in Hagen, 58084 Hagen
sergej.gertje@gmx.de

Zusammenfassung. Die Wettbewerbsfähigkeit automatisierungstechnischer Produkte begründende Alleinstellungsmerkmale liegen zunehmend in Form von Algorithmen vor, die auf den in den Produkten eingebetteten programmierbaren elektronischen Systemen ausgeführt werden. Eingesetzt in feindlichem Umfeld und insbesondere bei ihrer Aktualisierung bedürfen diese Algorithmen des Schutzes gegen Plagiieren und Umkehrentwicklung. Den notwendigen Schutz gewährleistet eine hybride Rechnerarchitektur bestehend aus einem, obfuskierten Maschinencode abarbeitenden von Neumann-Prozessor und einem mit dem Systembus verbundenen programmierbaren Gatterfeld, das permanent den Busverkehr beobachtet. Erkennt dieses auf den Busleitungen bestimmte Bitmuster, so führt es für außenstehende Betrachter nicht nachvollziehbar geheime Operationen aus, die in seinem flüchtigen Speicher hinterlegt sind, um von Spannungsabfällen und Schutzvorkehrungen gelöscht zu werden. Rekonfigurierungen des Gatterfeldes sind in feindlichem Umfeld dadurch vor Umkehrentwicklung geschützt, dass neue Konfigurierungen in durch Einmalverschlüsselung gesicherten und damit eindeutig authentifizierbaren Datenpaketen übertragen, die bereits vor Auslieferung des Gatterfeldes in dessen flüchtigem Speicher hinterlegten und zur Entschlüsselung benötigten Einmalschlüssel nach Verwendung sofort gelöscht sowie Inhalte der Datenpakete geeignet geprüft werden.

1 Einführung

Zunehmend liegen die die Wettbewerbsfähigkeit automatisierungstechnischer Produkte begründenden Alleinstellungsmerkmale in Form von Algorithmen vor, die auf den in den Produkten eingebetteten programmierbaren elektronischen Systemen ausgeführt werden. Diese Algorithmen sind für Wettbewerber sehr interessant und bedürfen des Schutzes, um Plagiate, Umkehrentwicklung („reverse engineering") oder auch nur Erkenntnisgewinn zu verhindern. Das große Interesse an der gegenseitigen Aneignung geistigen Eigentums lässt sich von der Existenz einer Vielzahl auf Umkehrentwicklung spezialisierter Unternehmen ableiten. Diese sind meistens mit den lokalen Gesetzeslagen vertraut und berufen sich bspw. auf das Eigentumsrecht an gekauften Produkten oder das Recht auf Sicherheitsüberprüfungen. Da entsprechende gerichtliche Auseinandersetzungen für die beteiligten Parteien sehr kostspielig sein können, möchten viele Entwickler ihr geistiges Eigentum durch technische Schutzmaßnahmen sichern.

Zum Schutz vor unbefugtem Abhören in digitalen Systemen übertragener Daten werden diese oftmals verschlüsselt. Sender und Empfänger vereinbaren zur Ver- und Entschlüsselung ihres Datenverkehrs Schlüssel, die sie in der Folge laufend nutzen. Um diese Schlüssel herauszufinden, macht man sich bspw. zunutze, dass die Leistungsaufnahme von Prozessoren Abhängigkeiten von Schlüsseln und zu verschlüsselnden Daten aufweist. Unter Einsatz geeigneter Datenpakete führen Angreifer deshalb sogenannte Seitenkanalangriffe durch, bei denen sie während Ver- bzw. Entschlüsselungphasen den Energiebedarf der ausführenden Prozessoren oder die immitierte elektromagnetische Strahlung messen. Durch zwischen gemessenen Werten und Verschlüsselungen entdeckten Korrelationen können Informationen zum Brechen von Schlüsseln gewonnen werden. Eine weitere Angriffsmöglichkeit sind Fehlerattacken, bei denen die korrekte Funktion von Prozessoren durch äußere Einflüsse wie Beschuss mit Teilchenstrahlen, Erhitzen, Ändern von Versorgungsspannung oder Taktfrequenz usw. gestört wird. Die verwendeten Schlüssel lassen sich dann durch Vergleich der richtigen mit den fehlerhaften Ausgaben ermitteln.

Programmierbare Gatterfelder können angegriffen werden, indem neu übertragene Programme mit in der Vergangenheit aufgezeichneten überschrieben werden. Dadurch entsteht die Gefahr, dass für die Daten- oder Anlagensicherheit wichtige Korrekturen nicht dauerhaft implementiert und eventuell vorhandene Hintertüren wieder geöffnet werden. Diese Angriffsform wird in den meisten Fällen durch Verschlüsselung der übertragenen Daten nicht unterbunden, weil der jeweils verwendete Verschlüsselungsalgorithmus in den übertragenen Daten enthalten ist und deshalb mit aufgezeichnet wird. Erneutes Laden ursprünglicher Programme wird ohne weitere Prüfungen durch die auf den Zielsystemen implementierten Entschlüsselungsalgorithmen nicht verhindert.

Bitmanipulationen in übertragenen Daten können durch Verschlüsseln nicht ausgeschlossen werden. Im günstigsten Fall werden sie durch zyklische Redundanzprüfung erkannt, häufig bleiben sie jedoch unerkannt und lösen dann ungewolltes Verhalten der Zielsysteme aus.

2   Stand der Technik

Digitale Verschlüsselung mit Verfahren wie AES oder 3-DES ist die am häufigsten angewendete Maßnahme zum Schutz geistigen Eigentums. Verschlüsselungstiefen lassen sich an Sicherheitsanforderungen anpassen. Durch zusätzliche Sekundärmaßnahmen werden Angriffe auf schwache Schlüssel abgewehrt, indem mechanische Zugänglichkeit unterbunden bzw. Rückschlüsse auf die Verschlüsselung vermieden werden.

Der mechanischen Unzugänglichkeit sicherheitsrelevanter Systemkomponenten wie Anschlussbuchsen oder -stecker, Programmspeicher oder Bussysteme kann bereits beim Platinenentwurf durch geschicktes Platzieren der Bauelemente Rechnung getragen werden. Eine weitere Möglichkeit stellen Schutzumhüllungen elektronischer Baugruppen bspw. in Form von Drahtgeflechten oder reaktiven Membranen (vgl. bspw. [1, 3, 5, 6]) oder Schutzversiegelungen wie nach [4, 8] dar, die einen gewissen mechanischen Schutz bieten oder mechanische Beschädigungen durch ihre sensorischen Eigenschaften erkennen. Bei Detektion einer Beschädigung werden festgelegte Sicherheitsmaßnahmen wie Deaktivieren aller oder einiger Baugruppenfunktionalitäten automatisch eingeleitet. Im Falle von [7] wird eine baugruppeninterne Ver- und Entschlüsselungsfunktion deaktiviert, die ihren Schlüssel von physikalischen Parametern der Umhüllung ableitet.

Zum Schutz vor Seitenkanalangriffen werden die während der Durchführung von Entschlüsselungen entstehenden typischen Leistungsaufnahmemuster verborgen, um Ziehen von Rückschlüssen zu unterbinden. Dazu werden in den ausführenden Prozessoren zusätzliche Leistungsanforderungen erzeugt, die sich dann den durch die Entschlüsselungen bedingten Mustern überlagern. Solche Überlagerungen werden nach dem Prinzip der Maskierung konzipiert, wobei resultierende Leitungsaufnahmemuster zufällig erscheinen, oder nach dem Prinzip des Verbergens, das durch Ausgleich von Tälern für nahezu konstante Leistungsaufnahme sorgt.

Automatisierungstechnische Programme und Daten können von speziellen Schaltkreisen gesichert werden, die kryptographische Schlüssel aus internen Signallaufzeiten ableiten. Derart erzeugte Schlüssel sind eindeutig, weil sich die Laufzeiten selbst bei Schaltkreisen gleichen Typs und aus derselben Produktionscharge immer geringfügig unterscheiden.

Auslesen und Interpretation automatisierungstechnischer Programme wird durch feste gerätetechnische Implementierung in anwendungsspezifischen integrierten Schaltkreisen erheblich erschwert.

Obfuskation, d.h. absichtliche, aber funktionserhaltende Veränderung, von Programmen kennt eine Fülle von Maßnahmen, um Programmcode schwer verständlich zu machen und so den Umkehrentwicklungsaufwand zu erhöhen. Angewendet auf Objektprogramme soll Obfuskation auch maschinelles Dekompilieren verhindern.

3 Schutzkonzept

Algorithmen werden auf programmierbaren elektronischen Systemen in Form von Objektprogrammen für sequentiell arbeitende Prozessoren bzw. Konfigurierungen programmierbarer Gatterfelder darstellenden Bitketten installiert und durch Übertragung solcher Programmdaten aktualisiert. Befinden sich die Zielsysteme in feindlichem Umfeld, so besteht die Gefahr, dass die übertragenen Dateien von Umkehrentwicklern mitgelesen oder auch modifiziert werden.

Diese Gefahr lässt sich beseitigen, indem es Umkehrentwicklern unmöglich gemacht wird, mitgelesene Automatisierungsprogramme zu verstehen. Zu diesem Zweck wird die Ausführungsplattform gemäß Abb. 1 als aus einem von Neumann-Prozessor und einem programmierbaren Gatterfeld bestehende Hybridstruktur organisiert. Der Prozessor arbeitet darin als Master und führt sequentiell in seinem Programmspeicher unverschlüsselt abgelegten und durch Anreicherung

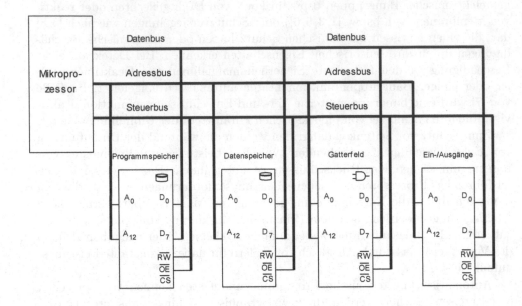

Abb. 1. Hybridarchitektur aus Mikroprozessor und Gatterfeld

mit irreführenden und in ihrer Bedeutung nicht nachvollziehbaren Befehlen obfuskierten Maschinencode aus. Ausgewählte Funktionalitäten werden nicht vom
Prozessor, sondern von dem über ein Bussystem angebundenen Gatterfeld erbracht. Zur Verschleierung dieser Auslagerung dient ein für außenstehende Betrachter nicht beobachtbarer Geheimkanal, der dadurch entsteht, dass das Gatterfeld die auf Adress-, Daten- und Steuerbus übertragenen Signalisierungen
permanent mithört und interpretiert. Alle dort beobachtbaren Bitkombinatio-
nen sind plausibel, da sie beim Nachvollziehen des Programmcodes genauso zu
erwarten sind. Treten auf dem Bus vorher festgelegte Muster auf, so führt das
Gatterfeld jeweils dafür bereits vor der Systemauslieferung bereitgestellte Funktionen aus (vgl. Abb. 2). Um diese geheim zu halten, sind sie im flüchtigen Speicher des Gatterfeldes hinterlegt. Dort werden sie durch integrierte Sicherungsmaßnahmen, aber auch durch insbesondere bei Ausbau im Feld hervorgerufenem
Spannungsausfall sicher gelöscht.

Vor der Systemauslieferung wird die Programmierschnittstelle des Gatterfeldes zum Schutz vor Zugriffen im feindlichen Umfeld unzugänglich verriegelt. Zu
diesem Zweck werden unterschiedliche Sicherungsmaßnahmen wie bspw. Löschen
der Schlüssel für den Zugang zur Programmierschnittstelle oder physikalische
Zerstörung des Zugangs mittels Durchbrennen eines Kontaktes vorgesehen.

Um die Konfigurierung des Gatterfeldes im Feld zu aktualisieren, werden
durch Einmalverschlüsselung nach Vernam [9] gesicherte Datenpakete übertragen – und zwar durchaus über öffentliche Netze. Die hierfür benötigten Ein-

Adressbus				Datenbus				Funktion
Adressbus Byte 2		Adressbus Byte 1		Datenbus Byte 2		Datenbus Byte 1		
A_{4-7}	A_{0-3}	A_{4-7}	A_{0-3}	D_{4-7}	D_{0-3}	D_{4-7}	D_{0-3}	
0000	0000	0000	0000	0000	0000	0000	0000	---
0001	0001	0001	0001	0001	0001	0001	0001	AND
0010	0010	0010	0010	0010	0010	0010	0010	NAND
0011	0011	0011	0011	0011	0011	0011	0011	OR
:	:	0100	0100	0100	0100	0100	0100	NOR
:	:	0101	0101	0101	0101	0101	0101	XOR
:	:	0110	0110	0110	0110	0110	0110	XNOR
:	:	0111	0111	0111	0111	0111	0111	SR
:	:	1...	1000	1...	1000	1...	1000	SUB
:	:	1...	1001	1...	1001	1...	1001	ADD
:	:	1...	1010	1...	1010	1...	1010	MUL
:	:	1...	1011	1...	1011	1...	1011	DIV
:	:	:	:	:	:	:	:	:
1111	1111	1111	1111	1111	1111	1111	1111	:

Abb. 2. Beispiel für Bitmuster und dazugehörige Funktionen

malschlüssel werden vor der Auslieferung ebenfalls im flüchtigen Speicher des Gatterfeldes hinterlegt. Vor unberechtigtem Zugriff wird das Gatterfeld dadurch geschützt, dass ankommende Datenpakete nur mit den dafür vorgesehenen Einmalschlüsseln sinnvoll entschlüsselt werden können, was eine inhärente Authentifizierung darstellt, und dass auch Teile der Datenpaketinhalte Prüfungen unterzogen werden. Die Einmalschlüssel werden unmittelbar nach ihrer Verwendung gelöscht.

4   Realisierung

Die im vorangegangenen Abschnitt umrissene Hybridarchitektur verbindet den Prozessor über ein Bussystem mit dem Gatterfeld und weiteren Speicher- und Peripheriekomponenten. Im Programmspeicher des Prozessors werden Automatisierungsprogramme im Maschinencode abgelegt, sind also für Umkehrentwickler soweit noch verständlich. Zu deren Irreführung werden aber gewisse Operationen, bspw. logische und arithmetische, durch Lesen und Schreiben von Worten aus und in den Datenspeicher ersetzt. Im Zuge der Ausführung solcher Befehle mit Bezug auf bestimmte Adressen und geeignete Daten entstehen auf den Busleitungen charakteristische Bitmuster, auf deren Erkennung das Gatterfeld mit Extraktion von Operanden oder Ausführung jeweils dafür vorgesehener geheimer Operationen reagiert. Ergebnisse geheimer Operationen können vom Prozessor aus dem Gatterfeld direkt ausgelesen werden. Eine weitere, jedoch verdeckte Möglichkeit zur Ergebnisübertragung besteht darin, dass der Prozessor Befehle zum Laden geeigneter Datenwerte von bestimmten Adressen des Datenspeichers ausführt. Das Gatterfeld kann bei Erkennen der entsprechenden, dabei auf dem Bus erscheinenden Bitmuster seine Ausgabewerte zusätzlich auf den Datenbus legen, weil Systembusse prinzipiell verdrahtete Disjunktionen sind.

Die im flüchtigen Speicher des Gatterfeldes hinterlegten geheimen Funktionen lassen sich zusätzlich dadurch sichern, dass die das Gatterfeld tragende Platine ganz mit der Schutzversiegelung nach [4,8] überzogen und bei Erkennen mechanischer Verletzungen des Überzuges der Speicher gelöscht wird.

Zur Aktualisierung der Konfigurierung des Gatterfeldes sendet der Systementwickler entsprechende Dateien an den Prozessor, der dann den Aktualisierungsprozess abwickelt. Insbesondere entnimmt der Prozessor diesen Dateien einzelne Datenpakete und zugehörige Seriennummern, die er jeweils zusammen an das Gatterfeld weiterleitet. Bei Übereinstimmung beider Seriennummern bedient sich das Gatterfeld der in seinem flüchtigen Speicher hinterlegten Einmalschlüssel und entschlüsselt mit diesen das zugehörige Datenpaket. Die Seriennummer sowie die Einmalschlüssel für die Datenpakete werden in einer sicheren Umgebung vor der Systemauslieferung im flüchtigen und nicht zugänglichen Speicher des Gatterfeldes hinterlegt. Weil benutzte Einmalschlüssel sofort gelöscht werden, können aufgezeichnete Datenpakete zu späteren Zeitpunkten nicht noch einmal entschlüsselt und somit die Konfigurierung des Gatterfeldes in einen früheren Zustand gebracht werden. Die Verschlüsselungstiefe und damit die inhärente Authentifizierbarkeit der Datenpakete lässt sich durch Einsatz von Verschleierung gemäß [2] zusätzlich zur Einmalverschlüsselung noch erhöhen.

Für jede Aktualisierung der Logik im Gatterfeld werden ebenso viele der im flüchtigen Speicher vorgehaltenen Einmalschlüssel wie zu übertragende Datenpakete benötigt. Da Pakete und Schlüssel gleich lang sein müssen, ergibt sich ein recht großer Speicherplatzbedarf. Um im flüchtigen Speicher des Gatterfeldes Platz zu sparen, werden gemäß der in Abb. 3 dargestellten Prozedur die nur recht wenige Stellen umfassenden Seriennummern als Kopfdaten in jedes zu übertragende Paket eingefügt. Verwendet als Indizes erlauben sie, die Plausibilität ankommender Datenpakete zu prüfen und bei abweichenden Seriennummern auf deren vollständige Entschlüsselung zu verzichten. Diese Vorgehensweise ermöglicht, unberechtigte Zugriffe zu erkennen und ggf. geeignete Maßnahmen einzuleiten sowie bei Abbruch von Entschlüsselungen die entsprechenden Einmalschlüssel aufzusparen. Ebenso wie die Einmalschlüssel werden die Seriennummern im sicheren Umfeld echt zufällig erzeugt, und zwar durch Antivalenzverknüpfung von Datenpaketnummerierungen mit gleichstelligen Zufallszahlen, und vor der Systemauslieferung im flüchtigen Speicher hinterlegt.

Routinemäßige periodische Aktualisierungen der Gatterfeldlogik werden nach dem in den Abbildungen 4 und 5 dargestellten Ablaufschema durchgeführt. Sie können auch dazu genutzt werden, unbemerkt vom Betreiber Funktionalitätsänderungen im Feld zu implementieren und Umkehrentwickler bspw. durch Neuorganisation der Funktionen der Funktionstabelle zu verwirren. Aktualisierungen werden in der Regel durch die Systementwickler angefordert und über öffentliche Netze übertragen. Zur Einleitung werden zunächst die Erreichbarkeit der Steuerung und die korrekte Funktionsweise des Gatterfelds geprüft. Hierfür werden die Seriennummern herangezogen und mittels einer Kombination von Versenden und Empfangen einer Bestätigung die richtige Funktionsweise des Gatterfeldes geprüft. Danach werden die Datenpakete mit dem Aktualisierungsinhalt übertragen. Abschließend bestätigt das Gatterfeld die erfolgreiche Aktualisierung durch Versenden einer Bestätigungsnachricht.

5   Fazit

Mit dem beschriebenen Verfahren und der vorgestellten Hybridarchitektur lassen sich in programmierbaren elektronischen Systemen eingesetzte Algorithmen im feindlichen Umfeld wirksam gegen Plagiieren und Umkehrentwicklung schützen sowie dort sicher per Fernwartung aktualisieren. Mittels Einsatzes des Gatterfeldes und der dort implementierten Sicherungsmaßnahmen entfällt die Notwendigkeit verschlüsselter Programmablage im Programmspeicher des Prozessors. Durch Programmierung mit nicht nachvollziehbaren Befehlen wird erreicht, dass in falschen Besitz geratener Objektcode keinen Zusammenhang zum technischen Prozess aufweist und diesen somit nicht offenlegt.

Der Einsatz des Gatterfeldes in der Hybridarchitektur kann vom Hersteller gut für ein-/ausgabeintensive Anwendungen mit Eigenschaften wie paralleler Erfassung mehrerer oder zeitgerechter Erfassung schnell veränderlicher Signale

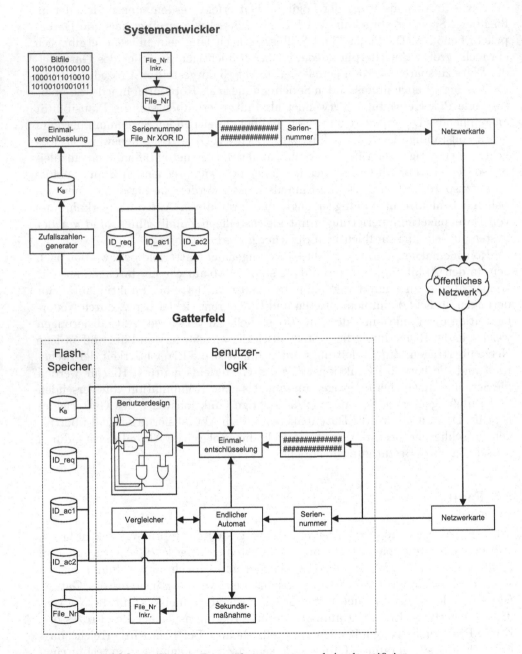

Abb. 3. Sichere Datenübertragung und Authentifizierung

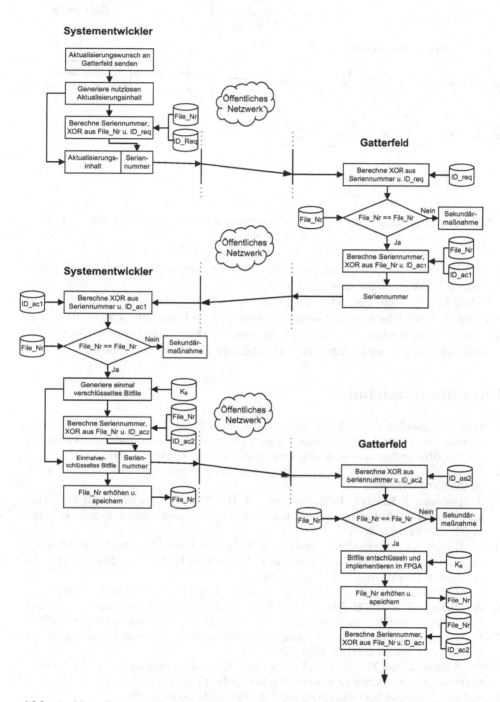

Abb. 4. Aktualisierung der Gatterfeldkonfigurierung im feindlichen Umfeld, 1. Teil

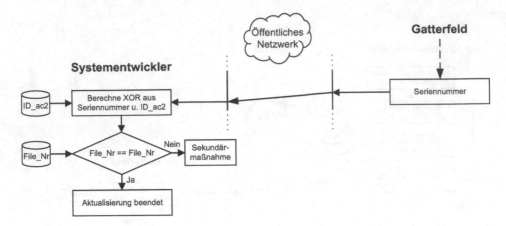

Abb. 5. Aktualisierung der Gatterfeldkonfigurierung im feindlichen Umfeld, 2. Teil

oder mit allgemeiner Steigerung der Verarbeitungsleistung begründet und so von geheimer Funktionalität abgelenkt werden.

Weil bereits viele als sicher geglaubte Verschlüsselungsverfahren gebrochen worden sind, wird die informationstheoretisch sichere Einmalverschlüsselung nach Vernam [9] eingesetzt. Als Nebeneffekt werden Datenpakte durch Einmalverschlüsselung sicher authentifiziert und wird ihre Echtheit somit garantiert.

Literaturverzeichnis

1. D.S. Farquhar, C. Feger, V. Markovich, K.I. Papathomas, M.D. Poliks, J.M. Shaw, G. Szeparowycz und S.H. Weingart: Tamper-responding encapsulated enclosure having flexible protective mesh structure, U.S. Patent 6929900B2, 2003.
2. W.A. Halang: Verfahren zur Binärdatenverschlüsselung, Deutsches Patent 10 2005 006 713, 2005.
3. J. Harcourt, J. Lindorf, J.-Y. Avenard, I.J. Brookfield, M. Brydon und B.J. Taylor: Tamper detection arrangement and system, Internationale Patentanmeldung WO2007019642A1, 2006.
4. M. Hennig, O. Schimmel, P. Zieris und B. Filipovic: Vorrichtung und Verfahren mit einem Träger mit Schaltungsstrukturen, Anmeldung DE10 2013 205 729A1 beim Deutschen Patent- und Markenamt, 2013.
5. H. MacPherson: Tamper respondent enclosure, U.S. Patent 5858500A, 1996.
6. A. Miglioli, V. Ratti, E. Riva und L. Villa: Tamper resistant enclosure for an electronic device and electrical assembly utilizing same, U.S. Patent 6512454B2, 2001.
7. O. Kömmerling und F. Kömmerling: Anti tamper encapsulation for an integrated circuit, U.S. Patent 20010033012, 2000.
8. O. Schimmel und M. Hennig: Kopier- und Manipulationsschutz für eingebettete Systeme. *Datenschutz und Datensicherheit*, 38(11):742–746, 2014.
9. S. Vernam: Secret Signaling System. U.S. Patent 1310719, 1919.

Latenzen von POSIX Betriebssystemen im Kontext von Hypervisoren in Real-Time Systemen

Ludwig Thomeczek[1], Andreas Attenberger[1], Václav Matoušek[2] und Jürgen Mottok[3]

[1] Continental Automotive GmbH, 93055 Regensburg
{andreas.attenberger|ludwig.thomeczek}@continental-corporation.com
[2] Department of Computer Science and Engineering
University of West Bohemia, 306 14 Pilsen, Czech Republic
matousek@kiv.zcu.cz
[3] Fakultät Elektro- und Informationstechnik
OTH Regensburg, 93049 Regensburg
juergen.mottok@oth-regensburg.de

Zusammenfassung. Neu eingeführte Funktionen in der Automobilindustrie, wie zum Beispiel das autonome Fahren, erfordern den Einsatz von performanten Mehrkernprozessoren sowie von komplexen (POSIX-kompatiblen) Betriebssystemen. Im Rahmen des branchenspezifischen Preisdrucks kommt es zudem zu einer Konsolidierung von Steuergeräten. Gleichzeitig erfordert der Einsatz im Automobil hohe funktionale Sicherheit (ASIL-Level), was unter anderem robuste Echtzeiteigenschaften der verwendeten Hard- und Software voraussetzt. Als Folge dessen werden zur Trennung von harten und weichen Echtzeitsystemen auf derselben Hardware Hypervisoren eingesetzt. Dieses Paper beleuchtet die Latenzauswirkungen diverser Softwarekonfigurationen auf Hardware der nächsten Generation mithilfe eines vorgestellten Testsetups und dessen Ergebnissen.

1 Einführung

Mit dem Start der Smartphoneära im Jahre 2007 begann eine Beschleunigung der Entwicklung von performanten, energiesparenden Prozessoren für mobile und eingebettete Einsatzzwecke. Milliarden an Forschungsgeldern und Entwicklungskosten wurden investiert und eine Fülle neuer Technologien und Anwendungen erschlossen. Im Zuge der Industrie 4.0, der fortschreitenden Vernetzung aller Geräte und der Einführung neuer Mobilfunkstandards sowie der Elektromobilität begann auch in der Automobilbranche ein Umschwenken hin zu smarteren Systemen, bis hin zum Ziel des vollautonomen, hochautomatisierten Fahrens. Für diese komplexen Funktionen wird dementsprechend auch eine komplexere Software benötigt – statt der bisher etablierten Herangehensweise, spezialisierte Programme für den Echtzeitbetrieb statisch zu konfigurieren, geht es nun um den Einsatz vollwertiger Betriebssysteme. Die Nutzung eines Standards wie

POSIX [9] bietet sich hierfür an, da sich Betriebssysteme, welchen diesen implementieren (z. B. Linux, sowie diverse proprietäre Systeme), auf vielfältigen Plattformen und Umgebungen bewährt haben.

Die für neue Funktionen benötigten Rechenkapazitäten stehen nun mit der Verfügbarkeit von modernen Mehrkernprozessoren und dedizierter Rechenbeschleunigern für grafische Algorithmen bzw. neuronaler Netze in Fahrzeugen erstmals in einem Formfaktor zur Verfügung, der den Serieneinsatz erlaubt. Damit einher geht eine Konsolidierung der Steuergeräte im Automobil – dank der Perfomancegewinne können früher auf mehrere Geräte verteilte Funktionen nun in einem neuen, stärkeren Bauteil realisiert werden und dies bringt wiederum Kosteneinsparungen mit sich.

Nun kommt es aus Sicht der Sicherheit zu einem interessanten Phänomen: sicherheitskritische sowie unkritische Funktionen laufen gleichzeitig auf einem Mehrkernsystem und erfordern hohe Performance (das bedeutet, keine statische Zuweisung von Ressourcen), deterministische Echtzeiteigenschaften (Safety) und außerdem, durch den hohen Vernetzungsgrad, erhöhte Anforderungen an den Schutz gegen Angriffe von außen oder anderen Teilen des Fahrzeuges (Security).

Der Einsatz einer Virtualisierungslösung, wie eines Hypervisors, verspricht hier eine Lösung: Das System kann partitioniert werden, klassische Software und neue Betriebssysteme können auf derselben Hardware koexistieren und die benötigten Sicherheitslevel werden durch den Hypervisor (mit Unterstützung der Hardware) garantiert. Dies wird im Allgemeinen als „mixed-criticality system" bezeichnet, also ein System mit gemischter Sicherheitseinstufung der einzelnen Komponenten. Hierbei müssen nur die Komponenten mit Sicherheitsanforderungen, das heißt im Allgemeinen eine Echtzeitpartition, der Hypervisor sowie die Hardware zertifiziert werden, aber nicht die weniger kritischen Bestandteile, welche in eigene Partitionen ausgelagert werden. Diese Einführung einer weiteren Abstraktionsebene zwischen Hardware und Software bringt aber nicht nur Vorteile, sondern hat unter anderem auch Einfluss auf das Latenzverhalten des Systemes, die Timings der Interrupts und das Scheduling. Aufgrund dessen, dass in den meisten Virtualisierungslösungen das Gastsystem keinerlei Einfluss auf das Scheduling des Hypervisors nehmen kann, kann es hier zu einem mehrlagigen Scheduling sowie Puffereffekten mit starken Auswirkungen auf das Latenzverhalten kommen[1].

Ob eine Verschlechterung des Latenzverhaltens eintritt, und wenn ja, in welchem Ausmaß, soll durch einen Testaufbau mit diversen Hypervisoren und verschiedenen architektonischen Parametern geklärt werden.

---

[1] Buffering, welches zur Steigerung des Durchsatzes oft angewendet wird, kann die Latenz einer Verbindung bei gleichzeitiger hoher Bandbreitennutzung signifikant erhöhen, der so genannte Bufferbloat [6]. Angepasste Priorisierungsalgorithmen können hier gegensteuern.

2   Systemaufbau

Für den Einsatz eines Hypervisors gibt es mehrere Parameter, welche das Verhalten des Gesamtsystems entscheidend beeinflussen können. Neben dem Typ des Hypervisors zählt dazu auch die Art der Hardwareabstraktion, welche genutzt wird. Hypervisoren oder Virtual Machine Monitore (VMMs) können nach Goldberg [8] in 2 Typen eingeteilt werden: Typ-1 Hypervisoren laufen direkt auf der Hardware und sind eigenständig lauffähig, während Typ-2 Hypervisoren nur eine Virtualisierung in einem schon laufenden System ermöglichen, also von einem Host-Betriebssystem abhängig sind. Im Rückschluss bedeutet dies auch, dass Typ-2 Hypervisoren mit anderen Programmen im Host-Betriebssystem um Ressourcen konkurrieren, während ein Typ-1 Hypervisor volle Systemkontrolle besitzt. Typ-2 Hypervisoren sind oft auch eng verwandt mit der Emulation beziehungsweise der Para-Virtualisierung von Hardware oder ganzen Systemen, welche aufgrund des Overheads der Emulation aber größere Performanceeinbußen zu verzeichnen hat.

Durch den Einsatz dedizierter Hardwareunterstützung bekamen diese Emulatoren oft die Fähigkeit, als Typ-2 Hypervisor zu agieren. Heutzutage bieten alle moderneren (x86, ARMv8) Prozessorarchitekturen Unterstützung für Hypervisoren an, um Performance nahe am nicht-virtualisierten System zu ermöglichen. Folglich gewinnt die Art der Einbindung von Hardware ins Gastsystem an höherer Bedeutung für die Performance. Manche Hypervisoren umgehen dieses Problem des verteilten Zugriffes auf Ressourcen gänzlich, indem sie eine rein statische Zuteilung beim Start des Systemes vornehmen. Diese „Partitioning Hypervisors"[2] haben jedoch den Nachteil, dass keine Überbelegung/Overcommitment von Ressourcen möglich ist und die dynamische Umverteilung während des Betriebs erschwert wird. Ist jedoch ein gemeinsamer, gleichzeitiger Zugriff auf Peripheriegeräte nötig, so bieten sich wie in Abb. 1 am Beispiel eines Netzwerkgerätes gezeigt mehrere Arten des Hardware-Multiplexings an, je nach Unterstützung durch Hardware, Hypervisor und Gastsystem. Abb. 1 (a) zeigt eine vollvirtualisierte Gastumgebung, wie sie oft in Typ-2 Hypervisoren und manchen Typ-1 Hypervisoren eingesetzt wird. Hierbei benötigt der Hypervisor beziehungsweise das Gastsystem Treiberunterstützung für die verwendete Hardware, und bietet den Gastsystemen eine emulierte oder paravirtualisierte Schnittstelle. Bei der Emulation werden beim Gastsystem keinerlei Anpassungen benötigt, da die originalen Hardwaretreiber Anwendung finden – bei Nutzung von paravirtualisierten Schnittstellen muss ein Treiber für diese vorliegen. Da Treiberunterstützung für Spartenplattformen wie Hypervisoren oft hohen Aufwand und Kosten nach sich zieht, bedienen sich einige Softwarelösungen der Möglichkeit, eine priviligierte Partition (Abb. 1 (b)) oder eine konventionelle Gastpartition (Abb. 1 (c/d)) als Spender für die Geräteunterstützung zu nutzen. Der Unterschied zwischen dem Geräte-Passthrough und der priviligierten Domäne liegt hierbei darin, dass die privilegierte Domäne meist weitreichenden Zugriff auf die komplette Hardware erhält, während beim Passthrough nur ein einzelnes Gerät

---

[2] Ein Beispiel hierfür ist Jailhouse [2]

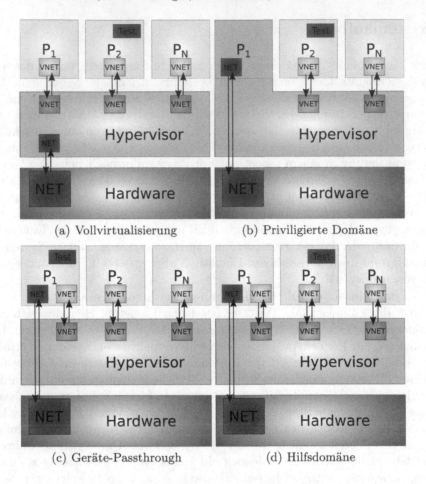

(a) Vollvirtualisierung   (b) Priviligierte Domäne

(c) Geräte-Passthrough   (d) Hilfsdomäne

Abb. 1. Systemarchitekurmodelle von Hypervisoren

durchgereicht wird. Im Hypervisor muss mit dieser Lösung nur eine Verteilung von Speicherbereichen und Interrupts an die Gäste erfolgen und kein konkreter Hardwaresupport implementiert werden. Je nach Gast kann dies dazu führen, dass eine Applikation entweder nahezu direkt Zugriff auf die Hardware (Abb. 1 (c)) oder erst durch einen weiteren Schritt durch den Hypervisor (Abb. 1 (d)) erhält.

3   Teststruktur und Aufbau

Um den konkreten Einfluss eines Hypervisors auf ein System zu testen, sind mehrere Testtypen möglich. Eine direkte Generierung eines Interrupts auf einem Eingabe/Ausgabe Pin des Prozessors und die Latenz der Antwort auf einem anderen Pin könnte zum Beispiel den Overhead eines Betriebssystems oder Hypervisors direkt messen [15].

Da die zunehmende Vernetzung aber diese direkte Art der Kommunikation durch komplexere, paketbasierte Netzwerke ablöst, wurde als Testaufbau ein Test über Ethernet gewählt. Das zu vermessende integrierte System muss eine Anfrage über die Ethernet-Schnittstelle beantworten, und die auftretende Round-Trip-Latenz wird über eine große Anzahl Iterationen des Tests als Histogramm ausgewertet. Auf dem System läuft hierbei ein POSIX-kompatibles, selbst entwickeltes Testprogramm im Userspace, welches einem typischen automobilen Systemsetup nachmodelliert ist[3]. Separat laufende Prozesse simulieren ein Framework, welches nach außen hin lauscht und die Netzwerkverbindung ermöglicht („Listener"), sowie einen Applikations-Prozess („Tester"), welcher vom Framework per Inter-Prozess-Kommunikation die Anfrage entgegen nimmt und eine Antwort zurück gibt. Der Clientprozess läuft hierbei auf einem externen System, Tester und Listener auf dem zu vermessenden Gesamtsystem.

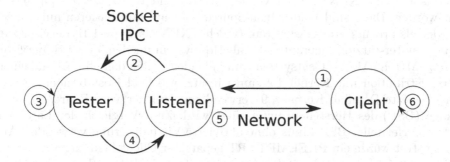

Abb. 2. Schema des Testprogrammes

Dieser Aufbau ermöglicht es, den gesamten Kommunikationsweg, vom Netzwerkgerät über den Treiber, das Betriebssystem und das Applikations-Framework bis hin zum eigentlichen Programm zu vermessen. Als Gegenstelle des Tests dient ein verlässliches, dediziertes Echtzeitsystem, welches auf geringe externe Einflüsse hin optimiert wurde. Durch Veränderungen am zu testenden System können so, ausgehend von der Annahme, dass die Umgebungseinflüsse und andere Eigenschaften des Systems gleich bleiben, verschiedene Konfigurationen in Bezug auf die Latenzen in Relation gesetzt werden. Außerdem ist es möglich, durch Beobachtungen über einen längeren Zeitraum und unter verschiedenen Lastszenarien Abschätzungen über Worst-Case Latenzen zu treffen. Das Testprogramm selbst simuliert zudem eine statische Arbeitslast durch Iterieren einer Timerabfrage im Testerprozess. Dies ermöglicht Rückschlüsse auf Unterbrechungen während der Programmlaufzeit, welche die Antwortlatenz ebenfalls beeinflussen können. Somit können Unterschiede im Scheduling oder Unterbrechungen durch den Hypervisor gemessen werden.

---

[3] Beispiele für das Softwaresetup solcher Systeme sind unter anderem AUTOSAR Adaptive [16] oder Automotive Grade Linux (AGL) [1]

4   Hardware, Getestete Hypervisoren und Betriebssysteme

Als Basis für die durchgeführten Tests dient das Renesas M3 Starter Kit [5], ein für den Automobilbereich entwickeltes System-on-a-Chip (SoC). Es ermöglicht mit sechs dedizierten Kernen, einem Safety-Lockstep Co-Prozessor, diversen Netzwerklösungen (CAN, LIN, Ethernet AVB) und einem 3D-Grafikbeschleuniger das Testen in einer praxisnahen Konfiguration. Da Renesas volle Treiberunterstützung für Linux bereitstellt, wird es als POSIX-kompatibles Betriebssystem verwendet, um die Tests durchzuführen. Verschiedene Konfigurationen im Betrieb mit Linux, wie z. B. der Einsatz eines Echtzeit-modifizierten Kernels (PRE-EMPT_RT Patch [17]), der Benutzung von Echtzeitprioritäten im Scheduler sowie Techniken zur Interferenzreduzierung auf dem System können die Latenzen beeinflussen und können in den Tests auf Effektivität getestet werden[4]. Als Hypervisoren sind XEN [14] (in Version 4.11rc) und KVM/QEMU [3] untersucht worden. Diese sind beide Open-Source Software und basieren auf Linux, entweder als priviligiertes Gastsystem (welches XEN als Type-1 Hypervisor zur Hardwareunterstützung benutzt) oder als Hostsystem für den Typ-2 Hypervisor unter QEMU/KVM. Als Gastsystem kam in beiden Fällen dasselbe Abbild einer Yocto-Distribution mit Kernel 4.2 zum Einsatz, während Host beziehungsweise privilegierte Domäne Kernel 4.9 verwendeten, welcher vom Board Support Package (BSP) des Herstellers unterstützt wird. Zum Vergleich der Latenzen wurde das Hersteller-BSP Linux ohne aktivierte Virtualisierung verwendet. Als externer Test wurde ein PREEMPT_RT gepatchter Client benutzt, welcher an das Testsystem über einen Switch zusammen mit einem dritten System als Lastgenerator angebunden wurde. Aufgrund der Tatsache, dass die Endlatenzen, welche gemessen werden, stark hardwareabhängig sind (verwendeter Switch, Netzwerkkarten und Testsystem) und teils zwischen verschiedenen Kompilierungen der verwendeten Softwarebestandteile variieren, sind alle Ergebnisse für die spezifischen Tests einzigartig und nur in Relation zueinander auswertbar.

5   Testkonfigurationen und Ergebnisse

Für jeden der getesteten Hypervisoren wurde ein typisches Setup mit 2 Gastpartitionen (*guest0* und *guest1*) gewählt:

Für XEN bedeutet dies, dass zuerst der Hypervisor bootet, die privilegierte Dom0 startet, und daraufhin 2 Gastpartitionen geladen werden.

QEMU/KVM bootet direkt den Linuxkernel mit KVM-Unterstützung und startet die Gastpartitionen dann über QEMU mit aktivierter Nutzung der KVM Beschleunigung.

Dieses Setup ermöglicht es, eine Partition (in diesem Fall *guest1*) zur Lasterzeugung zu nutzen, während die andere als Testpartition (*guest0*) vermessen wird. Zusätzlich wurde das Testprogramm aber auch auf der privilegierten Domäne bzw. dem Hostsystem (*dom0*) und der Lastpartition ausgeführt, um die

---

[4] Siehe dazu auch [12, 18]

Latenzen dort zu ermitteln. Zusammen mit der Prioritätenauswahl für das Testprogramm (Linux-Standardscheduling auf Nice-Level 0 und Echtzeitpriorität 99 im Round-Robin Verfahren) ergeben sich so 6 Testläufe mit jeweils 6 Stunden/108000 Latenzmesspunkten. Dieses Testsetup wurde sowohl ohne Last als auch mit stress beziehungsweise iperf (Volllast auf Up- und Download) im Hintergrund laufend wiederholt, für eine (geplante) Gesamtanzahl von 36 Einzeltests. Als Vergleich dienen Testläufe mit gleicher Konfiguration unter Linux ohne Virtualisierung. Aufgrund der hohen Anzahl beschränkt sich dieses Paper auf die Ergebnisse der Tests mit Echtzeitpriorität.

Die Darstellung der Ergebnisse erfolgt dabei als Kombination eines Box-Plots und eines Histogramms (Violinplots) im Hintergrundes desselben. Dies erlaubt einerseits Einblicke in die genaue Verteilung der Antwortlatenzen, also auch einen schnellen Überblick.

5.1   Ohne Last

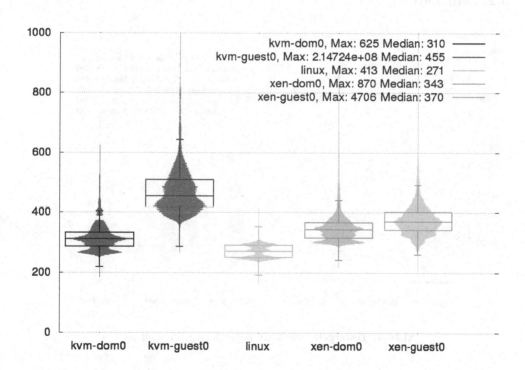

Abb. 3. Testergebnisse ohne Last, Achse in µs

Wie in Abb. 3 ersichtlich erzielt Linux ohne Virtualisierung die besten Latenzen, mit einer Durchschnittslatenz von 270 µs, gefolgt von KVM mit 310 µs und XEN mit 343 µs. Dies bedeutet, dass man für den Passthrough durch den

Hypervisor ein Overhead von mindestens 40 µs veranschlagt werden muss. Beachtet man jedoch die Worst-Case Latenzen, so erhöhen sich diese mit KVM um 50 % und verdoppeln sich unter XEN auf über 800 µs. Nimmt man einen Schritt durch die virtuelle Netzwerkverbindung in die Gastpartitionen hinzu, so erhöht dies die Latenz in XEN um circa 30 µs, während KVM dafür circa 140 µs benötigt. Die Worst-Case Zeiten bewegen sich nun im ms Bereich, mit 4,7 ms für XEN.

Aufgrund der hohen Latenzen einzelner Events unter KVM befinden sich diese außerhalb des erfassten Bereiches, und nur die Höchstlatenz von 214 s wird berücksichtigt. Für diesen Testlauf beläuft sich die Anzahl der fehlenden Datenpunkte auf circa 1400. Dies deutet auf ein Problem mit der Weitergabe von Netzwerkpaketen unter KVM oder der Konfiguration hin.

Dieser Test bestätigt, dass für Hypervisoren ein konstanter Overhead existiert, und die zusätzlichen virtualisierten Netzwerkbrücken einen hohen Einfluss auf die Worst-Case Latenzen haben.

5.2   Mit Last

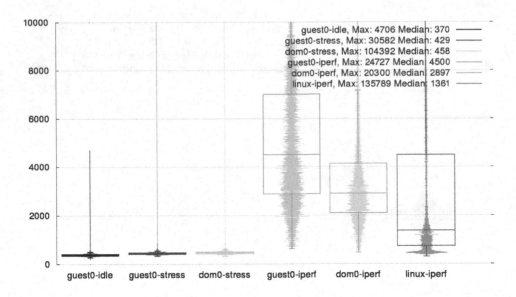

Abb. 4. Testergebnisse XEN unter Last, Achse in µs

Ein ähnliches Bild wie im Vergleichstest ohne Last bietet sich mit Last in Abb. 4. Da die beschriebenen Probleme unter KVM sich mit Netzwerklast noch verstärkten, konnte der Netzwerklasttest aufgrund zu hohem Paketverlustes nicht durchgeführt werden. Deshalb sind in Abb. 4 nur Ergebnisse für XEN unter Last dargestellt. Unter XEN erzeugt CPU-Last eine Erhöhung der Durchschnittslatenzen um 110 µs in der Dom0 und 50 µs in der Gastpartition. Durch

Netzwerklast steigt dies auf 4,5 ms in der Gastpartition und 2,9 ms in der Dom0. Bei beiden Lastarten steigen die Maximallatenzen auf Werte über 20 ms, mit einer Maximallatenz von 104 ms in der Dom0 bei CPU-Last. Die Werte für Linux direkt zeigen denselben Trend, dass CPU-Last weniger Einfluss auf Latenzen hat als Netzwerklast (275 µs Median, 455 µs Maximum). Zum direkten Vergleich ist in Abb. 4 auch der Netzwerklasttest unter Linux mit aufgenommen, welcher trotz besserer Latenzen (1,35 ms Median, 135 ms Einzelevent, sonst unter 12 ms) ähnliche Beobachtungen zulässt: Netzwerklast erhöht die Latenzen um bis zu 600 % im Worst-Case Szenario.

6   Zusammenfassung und Ausblick

Die Testergebnisse lassen mehrere Schlussfolgerungen und Ansätze zu weiteren Tests zu:

KVM ist aufgrund der Netzwerkverluste unter Last in der benutzten Konfiguration nicht geeignet; hier muss eine Nachforschung zu den Ursachen und Lösungen erfolgen.

Desweiteren hat die Zuweisung von CPU-Ressourcen (ohne Überbelegung der vorhandenen Kerne) einen wesentlich geringeren Einfluss auf die Latenzen als die Auslastung der Netzwerkschnittstelle.

In einigen Tests wurden Mängel des Testprogrammes erkenntlich, zum Beispiel bei fehlenden Datenpunkten bei hohen Latenzen bzw. Paketverlusten. Diese sollten behoben werden und die Tests ausgeweitet, um nicht nur Worst-Case Latenzen, sondern auch einzelne Latenzevents außerhalb des Histogrammbereiches festzuhalten.

Außerdem sind weitere Tests mit optimierten Hypervisoren (zum Beispiel L4Re [11] oder kommerzielle Produkte) für das Safety-Umfeld denkbar, ebenso eine Studie zur Optimierung der getesteten Standardkonfigurationen hin zu besseren Worst-Case Latenzen. Dies könnte Maßnahmen wie Prioritätsänderungen im Hypervisor für Netzwerkverkehr, Architekturänderungen, Benutzung des Preempt_RT Patches in Gast und Dom0 oder Änderung der Netzwerktechnologie (Virtio) sein.

Eine Optimierung bis hin zu verlässlichen Latenzen in der selben Größenordnung wie natives Linux mit der verwendeten Hardware wäre wünschenswert.

Literaturverzeichnis

1. Automotive Grade Linux. `https://www.automotivelinux.org/`. accessed 2018-04-14.
2. Jailhouse Developers. Jailhouse: Linux based partitioning hypervisor. `https://github.com/siemens/jailhouse`. accessed 2018-04-11.
3. KVM Developers. Kernel Virtual Machine. `https://www.linux-kvm.org/page/Main_Page`. accessed 2018-03-20.
4. Linux Kernel Developers. sched(7) linux user's manual, July 2015. `http://man7.org/linux/man-pages/man7/sched.7.html`.

5. Renesas Electronics Europe.   R-Car M3.   `https://www.renesas.com/en-eu/solutions/automotive/products/rcar-m3.html`. accessed 2018-01-10.
6. James Gettys. Bufferbloat: Dark buffers in the internet. *IEEE Internet Computing*, 15:96–96, 2011.
7. Thomas Gleixner, Clark Williams, and John Kacur. Cyclictest. `https://wiki.linuxfoundation.org/realtime/documentation/howto/tools/cyclictest`. accessed 2018-06-15.
8. Robert P. Goldberg. Architecture of virtual machines. In *AFIPS National Computer Conference*, 1973.
9. The IEEE and The Open Group. The Open Group Base Specifications Issue 7. `http://pubs.opengroup.org/onlinepubs/9699919799/`. accessed 2017-04-10.
10. ESnet / Lawrence Berkeley National Laboratory. Iperf 3 Documentation. `https://software.es.net/iperf/`. accessed 2018-06-15.
11. Adam Lackorzynski. Secure virtualization of latency-constrained systems. 2015.
12. Ludwig Thomeczek. Analysis and Evaluation of Linux Kernel Dependability Features for DPC Systems. Master's thesis, University of Applied Sciences Landshut, 2015.
13. Open Source Automation Development Lab (OSADL) eG.   OSADL Realtime QA Farm. `https://www.osadl.org/QA-Farm-Realtime.qa-farm-about.0.html`, 2016. accessed 2016-11-18.
14. The XEN Project. XEN Hypervisor. `https://www.xenproject.org/developers/teams/hypervisor.html`. accessed 2018-03-10.
15. Ralf Ramsauer, Jan Kiszka, Daniel Lohmann, and Wolfgang Mauerer. Look mum, no vm exits! (almost). *CoRR*, abs/1705.06932, 2017.
16. Stephan Rathgeber and Michael Niklas. AUTOSAR meets new Use Cases - The AUTOSAR Adaptive Platform. `https://www.autosar.org/fileadmin/files/presentations/2016_06__AUTOSAR_EMCC.pdf`, 2016. accessed 2016-11-12.
17. RealTime Linux Developers. RealTime Linux PREEMPT RT patches. `https://wiki.linuxfoundation.org/realtime/start`. accessed 2018-04-16.
18. Ludwig Thomeczek. Security Analysis of Linux Kernel Features for Embedded Software Systems in Vehicles. In *CARS 2015 - Critical Automotive applications: Robustness & Safety*, Paris, France, September 2015.
19. Amos Waterland. Stress project page. `https://people.seas.harvard.edu/~apw/stress/`. accessed 2018-06-15.

fastAN(BD) – eine Methode zur schnellen Dekodierung und Integritätsprüfung ANBD-kodierter Daten

Stefan Widmann

stefan.widmann@gmx.de

Zusammenfassung. Zur Verbesserung der Fehlererkennung in konventionellen Mikroprozessoren kann arithmetische Kodierung, z. B. in Form der AN(BD)-Kodierung zum Einsatz kommen. Allerdings kommen im Standardverfahren zur Dekodierung und Integritätsprüfung Divisionen zum Einsatz, die einen hohen Laufzeitaufwand mit sich bringen und auf vielen günstigen Prozessoren mittels Software zyklenintensiv emuliert werden müssen. Unter Nutzung der Restklassenarithmetik werden bei der sogenannten fastAN(BD)-Methode die Divisionen bei der Dekodierung und Integritätsprüfung durch Multiplikationen ersetzt, wodurch im Vergleich zum Standardverfahren eine signifikante Laufzeitreduktion und eine niedrigere Restfehlerwahrscheinlichkeit erreicht wird.

1 Einleitung

Der Grad der Automatisierung steigt unaufhörlich, und mit ihm auch die Verantwortung für Mensch, Umwelt und Investitionen, welche die dabei eingesetzten Datenverarbeitungssysteme tragen. Gute Beispiele dafür sind autonome Steuerungsfunktionen und „x-by-wire"-Systeme im Automobil- und Avionikbereich [1, 8]. Die Strukturbreite innerhalb der integrierten Bausteine dieser Systeme wird immer weiter verringert, wodurch die Bausteine immer empfindlicher für Umgebungseinflüsse wie Strahlung werden [3, 9]. Dies wirkt sich negativ auf die Fehlerwahrscheinlichkeit der Systeme aus. Konventionelle Prozessorarchitekturen sind vor allem auf maximalen Datendurchsatz hin ausgelegt, und nicht auf eine breite und umfassende Fehlererkennung. Diese – eigentlich ungeeigneten – Architekturen kommen meist aus ökonomischen Gründen zum Einsatz, wobei der steigenden Fehlerwahrscheinlichkeit durch entsprechende Maßnahmen zur Fehlererkennung in der Software begegnet werden muss. Dazu eignet sich speziell die arithmetische Kodierung AN-Kodierung, mit ihren Erweiterungen zur ANBD-Kodierung. Allerdings kommen bei der Dekodierung und Integritätsprüfung zeitraubende Divisionen zum Einsatz, die in einer Vielzahl günstiger Prozessoren sogar zyklenintensiv emuliert werden müssen.

In diesem Beitrag wird die sogenannte fastAN(BD)-Methode vorgestellt, welche die notwendigen Divisionen unter Ausnutzung der Gesetzmäßigkeiten der Restklassenarithmetik durch Multiplikationen ersetzt und damit eine signifikante Verringerung der benötigten Laufzeit und eine geringere Restfehlerwahrscheinlichkeit ermöglicht.

2   Stand von Wissenschaft und Technik

Der Stand von Wissenschaft und Technik wird anhand der AN-Kodierung [4] und deren Erweiterungen zu ANBD-Kodierung [5] vorgestellt. Dabei werden für beide Ausprägungen Kodierung, Dekodierung und Integritätsprüfung erläutert. Es gilt, Fehler aufzudecken, bevor Menschenleben, die Umwelt oder Investitionsgüter gefährdet werden. Schiffel [10] erweiterte Forins Fehlermodell [5] auf folgende erkennbare Fehlertypen:

- fehlerhafte Operationen, die ein fehlerhaftes Ergebnis erzeugen,
- Verfälschung von Datenwerten in Speichern und Registern,
- Verarbeitung falscher Operanden,
- verlorengegangene Aktualisierungen, daher veraltete Operanden,
- Anwendung einer falschen Operation auf die Eingabeoperanden.

2.1   AN-Kodierung

Die arithmetische Kodierung AN-Kodierung wurde von Brown in [4] vorgestellt und ist in der Lage, Verfälschungen von Datenwerten in Speichern und Registern und fehlerhafte Operationen aufzudecken. Die Datenwerte werden dabei kodiert, indem die magische Konstante A auf den Datenwert x multipliziert wird, wodurch sich ein kodierter Wert $x_{c_{AN}}$ ergibt. Die Dekodierung erfolgt mittels Division durch A.

$$x_{c_{AN}} = A \cdot x \qquad x = \frac{x_{c_{AN}}}{A}$$

Ein großer Vorteil der AN-Kodierung liegt darin, dass auf die kodierten Werte die meisten arithmetischen Operationen angewendet werden können, ohne das Kodierungsschema zu verletzen. Die Integrität der kodierten Daten kann jederzeit durch die Verwendung einer Modulo-Operation geprüft werden, indem die Erfüllung der folgenden Gleichung verifiziert wird:

$$x_{c_{AN}} \equiv 0 \mod A \quad \text{bzw.} \quad x_{c_{AN}} \mod A = 0$$

Lange Zeit wurden Primzahlen für die Verwendung als magische Konstante A empfohlen, so z. B. durch Forin in [5]. Ulbrich zeigte in [11] jedoch empirisch, dass einige nicht-prime As existieren, die Primzahlen mit einem minimalen Hamming-Abstand von $d_h = 6$ überlegen sind: 58659, 59665, 63157, 63859 und 63877. Diese von Ulbrich „Super-As" genannten As sind daher in der Lage, 5-Bit-Fehler zu erkennen. In allen Beispielen in diesem Beitrag wird das Super-A 58659 verwendet.

2.2   ANBD-Kodierung

Forin erweiterte die AN-Kodierung in [5] zur ANBD-Kodierung, um weitere Fehlerarten aufdecken zu können. Zusätzlich zur Multiplikation mit der magischen

Konstanten A werden ein Identifikator B und ein Zeitstempel D auf den kodierten Wert aufaddiert. Diese werden bei der Dekodierung vor der Division durch A wieder vom kodierten Wert abgezogen.

$$x_{c_{ANBD}} = A \cdot x + B + D \qquad\qquad x = \frac{x_{c_{ANBD}} - (B + D)}{A}$$

Die Integrität eines ANBD-kodierten Datenwerts $x_{c_{ANBD}}$ wird unter Einbeziehung der erwarteten B' und D' verifiziert:

$$x_{c_{ANBD}} = A \cdot x + B + D \equiv B' + D' \mod A \quad \text{bzw.}$$
$$x_{c_{ANBD}} = A \cdot x + B + D - (B' + D') \equiv 0 \mod A$$

Zusätzlich zu fehlerhaften Operationen und Datenverfälschungen, die durch die AN-Kodierung erkannt werden können, ist die ANBD-Kodierung in der Lage, falsche und durch verlorengegangene Aktualisierungen veraltete Operanden, sowie die Anwendung falscher Operationen auf die Eingabedaten als Fehler zu erkennen.

2.3   Nachteile des Stands von Wissenschaft und Technik

Die AN(BD)-Kodierung nutzt Divisionen zur Dekodierung und Integritätsprüfung der kodierten Daten. Divisionen sind im Gegensatz zu Multiplikationen auf den meisten Prozessorarchitekturen sehr laufzeitintensive Operationen. Viele besonders günstige Prozessoren, wie sie z. B. in kleinen eingebetteten Geräten zum Einsatz kommen, bieten keine hardwarebasierte Division an, wodurch diese zyklenintensiv durch die Software emuliert werden muss. Dies gilt bei einigen dieser Prozessoren auch für Multiplikationen. Tabelle 1 zeigt einen Vergleich der zur Ausführung von Multiplikationen und Divisionen auf verschiedenen Prozessorarchitekturen benötigten Taktzyklen.

Tabelle 1. Taktzyklenvergleich für verschiedene Prozessorarchitekturen

Prozessor / -architektur	Multiplikation	Division
Intel x86 (Sandybridge) [6]	4 Zyklen (mul r)	26 Zyklen (div r)
Intel x86 (Haswell) [6]	4 Zyklen (mul r)	28 Zyklen (div r)
Intel x86 (Broadwell) [6]	4 Zyklen (mul r)	31 Zyklen (div r)
ARM Cortex-M3 [2]	1 Zyklus	2 - 12 Zyklen[1]
dsPIC33 [7]	1 Zyklus	18 Zyklen
MSP430 (ohne HW-Mult.)	$\approx$ 25 - 150 Zyklen[1,2,3]	$\approx$ 430 - 460 Zyklen[1,2,3]
MSP430 (mit HW-Mult.)	14 Zyklen[2,4,5]	$\approx$ 430 - 460 Zyklen[1,2,3]

[1]: Anzahl der Taktzyklen ist operandenabhängig; [2]: eigene Messungen basierend auf IAR EW430 Übersetzer; [3]: keine HW-Unterstützung, SW-Emulation notwendig; [4]: integrierte Mutiplikationsperipherie; [5]: HW-basierte Multiplikation benötigt 1 Zyklus, aber Laden und Lesen der HW-Register erfordert weitere Taktzyklen

Weiterhin hängt die Restfehlerwahrscheinlichkeit $p_{AN(BD)}$ der AN(BD)-Kodierung von der Wahl der magischen Konstante A ab. Für eine gleichverteilte Fehlerwahrscheinlichkeit gilt:

$$p_{AN(BD)} = \frac{1}{A}$$

3   Die fastAN(BD)-Methode

Die fastAN(BD)-Methode nutzt die Restklassenarithmetik der arithmetisch-logischen Einheiten von Prozessoren dazu, die zur Dekodierung und Integritätsprüfung notwendigen Divisionen durch Multiplikationen zu ersetzen. Dazu wird das multiplikative Inverse A^{-1} der magischen Konstanten A benötigt. Da es in Restklassenringen – im Gegensatz zu Restklassenkörpern – ein derartiges A^{-1} nicht für alle A gibt, können nur solche A zum Einsatz kommen, für die multiplikative Inverse existieren. Diese können z. B. mit dem erweiterten euklidschen Algorithmus ermittelt werden.

Die Parameter der fastAN(BD)-Methode, der Datenwert x, die magische Konstante A und ihr multiplikatives Inverses A^{-1} sind Elemente des Restklassenrings $\mathbb{Z}/2^n\mathbb{Z}$. Für den kodierten Datenwert $x_{c_{AN(BD)}}$ wird die doppelte Bitbreite vorgesehen, daher ist dieser ein Element des Restklassenrings $\mathbb{Z}/2^{2n}\mathbb{Z}$.

$$x, A, A^{-1} \in \mathbb{Z}/2^n\mathbb{Z},\ x_{c_{AN(BD)}} \in \mathbb{Z}/2^{2n}\mathbb{Z}$$

3.1   Die fastAN-Methode

Die fastAN-Methode ermöglicht die schnelle Integritätsprüfung und Dekodierung AN-kodierter Datenwerte. Sie ist nicht für ANBD-kodierte Datenwerte geeignet, für welche die im folgenden Kapitel vorgestellte fastANBD-Methode eingesetzt werden muss. Das Hauptmerkmal der fastAN-Methode ist die Ausnutzung der Gesetzmäßigkeit, dass die Gleichung

$$x_{cAN} \cdot A^{-1} = A \cdot x \cdot A^{-1} \bmod 2^n = x \quad \forall x \in \mathbb{Z} \mid 0 \le x < 2^n$$

gilt, also durch Multiplikation von A^{-1} auf einen kodierten Datenwert x_c der unkodierte Datenwert x berechnet werden kann.

In Abbildung 1 werden das Kodierungsschema und die Integritätsprüfung in Form eines Ablaufdiagramms dargestellt. Die Funktion low() liefert dabei jeweils das untere Wort eines Datenwerts zurück.

Die mathematische Gleichung des Integritätsprüfungsschemas der fastAN-Methode wird in der nachfolgenden Gleichung dargestellt, die für alle $x \in \{0, ..., 2^n - 1\}$ erfüllt ist.

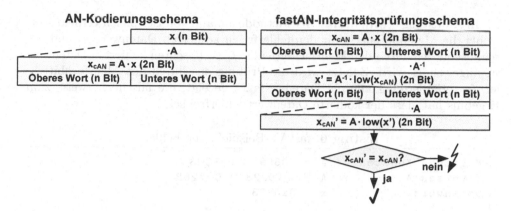

Abb. 1. Flussdiagramm der AN-Kodierung und der fastAN-Integritätsprüfung

$$\left(\left((x_{c_{AN}} \bmod 2^n) \cdot A^{-1}\right) \bmod 2^n\right) \cdot A = x_{c_{AN}}$$
$$\Leftrightarrow \qquad \left(\left(((A \cdot x) \bmod 2^n) \cdot A^{-1}\right) \bmod 2^n\right) \cdot A = A \cdot x$$
$$\Leftrightarrow \qquad \left((A \cdot x \cdot A^{-1}) \bmod 2^n\right) = x$$
$$\Leftrightarrow \qquad x \bmod 2^n = x$$
$$\Leftrightarrow \qquad x \in \{0, ..., 2^n - 1\}$$

Die in Abbildung 1 genutzte Funktion low() wurde in der Gleichung durch den mathematisch korrekten Term $\bmod\ 2^n$ ersetzt. Dies mag auf den ersten Blick den Anschein erwecken, dass eine Modulo-Operation durch zwei ersetzt wurde und damit größerer Berechnungsaufwand notwendig sein müsste. Das Gegenteil ist der Fall, da $\bmod\ 2^n$ durch den Prozessor als direkte Adressierung eines Speicher- oder Registerinhalts realisiert wird. In Ergänzung zu obiger Gleichung soll nun ein Fehler e auf den kodierten Datenwert x_c addiert werden, der diesen in das fehlerbehaftete x_c' überführt. Verkürzt ergibt sich die folgende Gleichung, die sich mittels der Substitution des Fehlers $e = e' \cdot A$ lösen lässt:

$$\left(\left((x_c' \bmod 2^n) \cdot A^{-1}\right) \bmod 2^n\right) \cdot A = x_c'$$
$$\Leftrightarrow \qquad \left(\left(((A \cdot x + e) \bmod 2^n) \cdot A^{-1}\right) \bmod 2^n\right) \cdot A = A \cdot x + e$$
$$\Leftrightarrow \quad \left((A \cdot x \cdot A^{-1} \bmod 2^n + e \cdot A^{-1} \bmod 2^n) \bmod 2^n\right) \cdot A = A \cdot x + e$$
$$\Leftrightarrow \qquad (e \cdot A^{-1}) \bmod 2^n = \frac{e}{A} \Leftrightarrow (e' \cdot A \cdot A^{-1}) \bmod 2^n = \frac{e' \cdot A}{A}$$
$$\Leftrightarrow \qquad e' \bmod 2^n = e' \Rightarrow e' \in \{0, ..., 2^n - 1\}$$

Für $e' = 0$ ist x_c' fehlerfrei, sonst ist e ein Vielfaches von A und kann weder durch die Standard-, noch die fastAN-Methode als fehlerhaft erkannt werden.

In Auflistung 6 wird die fastAN-Methode anhand von Beispielen verdeutlicht, wobei die Methode zuerst für den fehlerfreien kodierten Datenwert x_c und anschließend den durch den Mehrfachbitfehler f_1 verfälschten kodierten Datenwert x_c' angewendet wird. Zuletzt wird die Prüfung des durch den Mehrfachbitfehler f_2 veränderten kodierten Datenwerts x_c'' gezeigt, die fälschlicherweise zum Ergebnis hat, dass der kodierte Datenwert fehlerfrei sei.

Listing 6. fastAN-Beispiel ohne Fehler

```
Magische Konstante: A = 58659 = 0xE523
Inverses A:         A⁻¹ = 29323 = 0x728B
Datenwert:          x = 0x0333


[1] xc = A · x = 0xE523 · 0x0333 = 0x02DD0EF9


### Integritatsprufung von xc ###
low(xc) · A⁻¹ = 0x0EF9 · 0x728B = 0x06B30333
x* = low(low(xc) · A⁻¹) = 0x0333
xc* = x* · A = 0x0333 · 0xE523 = 0x02DD0EF9
xc* = xc ⇒ xc ist fehlerfrei ⇒ x* = x.


[2] Fehlersyndrom: f1 = 0x01007100

xc' = xc XOR f1 = xc XOR 0x01007100 = 0x03DD7FF9


### Integritatsprufung von xc' ###
low(xc') · A⁻¹ = 0x7FF9 · 0x728B = 0x39425E33
x*' = low(low(xc) · A⁻¹) = 0x5E33
xc*' = x*' · A = 0x5E33 · 0xE523 = 0x54507FF9
xc*' ≠ xc' ⇒ xc' ist fehlerhaft ⇒ x*' ≠ x!


[3] Fehlersyndrom: f2 = 0x0003D7C6

xc'' = xc XOR f2 = xc XOR 0x0003D7C6 = 0x02DED93F (≡ 0modA
     )


### Integritatsprufung von xc'' ###
low(xc'') · A⁻¹ = 0xD93F · 0x728B = 0x61340335
x*'' = low(low(xc) · A⁻¹) = 0x0335
xc*'' = x*'' · A = 0x0335 · 0xE523 = 0x02DED93F
xc*'' = xc'' ⇒ xc' gilt fehlerhafterweise als fehlerfrei!
```

3.2 Die fastANBD-Methode

Die fastANBD-Methode folgt dem Prüfungsschema der fastAN-Methode, benötigt aber zwei zusätzliche Berechnungsschritte. Vor der Multiplikation mit A^{-1} werden die erwarteten Werte $B+D$ vom kodierten Wert $x_{c_{ANBD}}$ abgezogen. Nach der abschließenden Multiplikation mit A werden diese wieder addiert, bevor der

Vergleich mit dem ursprünglichen kodierten Datenwert $x_{c_{ANBD}}$ durchgeführt wird. Diese beiden Zusatzschritte verringern die erreichbare Laufzeitersparnis. Die Methode wird in Abbildung 2 zusammen mit dem Kodierungsschema der ANBD-Kodierung veranschaulicht.

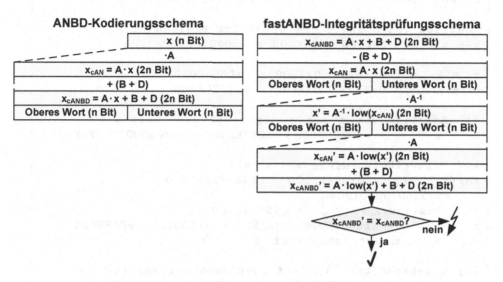

Abb. 2. Flussdiagramm der ANBD-Kodierung und der fastANBD-Integritätsprüfung

$$\left(\left(\left(\left(x_{c_{ANBD}} - (B + D)\right) \bmod 2^n\right) \cdot A^{-1}\right) \bmod 2^n\right) \cdot A\right) + (B + D) = x_{c_{ANBD}}$$
$$\Leftrightarrow \qquad \left((A \cdot x \cdot A^{-1}) \bmod 2^n\right) = x$$
$$\Leftrightarrow \qquad x \bmod 2^n = x \Rightarrow x \in \{0, ..., 2^n - 1\}$$

3.3 Vorgehen bei Wechsel der Datenbitbreite

Nach Datentypumwandlungen, bei denen Wechsel auf höhere Bitbreiten stattfinden, müssen bei der AN(BD)-Methode auch inverse Multiplikative mit entsprechender Bitbreite zum Einsatz kommen. In den bisherigen Beispielen hatten die multiplikativen Inversen A^{-1} und die zugrundeliegenden A die identische Bitbreite 2^n. Im ersten Beispiel in Auflistung 7 wird eine Addition gezeigt, deren Ergebnis nicht mit der ursprünglichen Bitbreite dargestellt werden kann und darum auf 64 Bit verbreitert wird. Statt des 16 Bit breiten Inversen A_{16}^{-1} kommt nun die 32 Bit breite Variante A_{32}^{-1} zum Einsatz. Wird der Überlauf nicht korrekt behandelt, also auf eine Ausweitung der Bitbreite des Ergebnisses und die Anwendung des entsprechenden Inversen verzichtet, so ergibt sich ein ungültiges Ergebnis. Dies wird durch die fastAN(BD)-Methode erkannt, wie im zweiten Beispiel von Auflistung 7 veranschaulicht wird.

Listing 7. fastAN-Prüfung mit Bitbreitenwechsel

```
Magische Konstante:       A = 58659 = 0xE523
Inverses von A (16 bit): A⁻¹₁₆ = 29323 = 0x728B
Inverses von A (32 bit): A⁻¹₃₂ = 2839442059 = 0xA93E728B
Datenwerte:               x = 0xF000, y = 0xE000


Addition von x und y ergibt 32 Bit breites z:
z = x + y = 0xF000 + 0xE000 = 0x0001D000


x_c = A · x = 0xE523 · 0xF000 = 0xD6D0D000
y_c = A · y = 0xE523 · 0xE000 = 0xC87EA000


[1] Addition von x_c und y_c ergibt 64 Bit breites z_c:
z_c = x_c + y_c = 0xD6D0D000 + 0xC87EA000 = 0x000000019F4F7000


### Integritatsprufung von z_c ###
low(z_c) · A⁻¹₃₂ = 0x9F4F7000 · 0xA93E728B = 0
    x69524D750001D000
z* = low(low(z_c) · A⁻¹₃₂) = 0x0001D000
z*_c = z* · A = 0x0001D000 · 0xE523 = 0x000000019F4F7000
z*_c = z_c ⇒ z_c ist fehlerfrei ⇒ z* = z.


[2] Unbehandelter Uberlauf geschieht bei Addition:
z_c' = x_c + y_c = 0xD6D0D000 + 0xC87EA000 = 0x9F4F7000


### Integritatsprufung von z_c' ###
low(z_c') · A⁻¹ = 0x7000 · 0x728B = 0x321CD000
z*' = low(low(z_c') · A⁻¹) = 0xD000
z*_c' = z*' · A = 0xD000 · 0xE523 = 0xBA2C7000
z*_c' ≠ z_c ⇒ z_c ist fehlerhaft!
```

4   Evaluation der fastAN(BD)-Methode

Die in diesem Beitrag vorgestellte fastAN(BD)-Methode soll nun anhand der Parameter Laufzeitreduktion und Restfehlerwahrscheinlichkeit bewertet werden.

4.1   Laufzeitreduktion

Die im Versuch erreichte Laufzeitreduktion der fastAN(BD)-Methode im Vergleich zum Standardintegritätsprüfungsverfahren wird in Tabelle 2 gezeigt. Dabei kam die magische Konstante $A = 58659$ mit ihrem multiplikativen Inversen $A^{-1} = 29232$ zum Einsatz.

Alle x86- und ARM-basierten Tests wurden auf Basis des in den Auflistungen 8, 9 und 10 gezeigten Codes durchgeführt. Der unkodierte Datenwert x wurde dabei auf $x = 4772$ festgelegt. In der Auflistung 10 wurden die Addition und Subtraktion von u16_BD in eckigen Klammern angegeben, welche nur bei der fastANBD-Methode zum Einsatz kommen. Der im Raspberry Pi eingesetzte ARMv6-Prozessor war im Test der einzige Prozessor, der für bestimmte Datenwerte – in diesem Fall $x = 0$ – bei Anwendung der fastANBD-Methode eine gegenüber dem Standardverfahren erhöhte Laufzeit aufwies.

Listing 8. AN-Standardverfahren

```
if(OU != u32_AN % u16_A)
{
  u32_num_errors++;
}
```

Listing 9. ANBD-Standardverfahren

```
if(u16_BD != u32_AN % u16_A)
{
  u32_num_errors++;
}
```

Listing 10. fastAN[BD]-Methode

```
u32_temp = (((unsigned short) u32_AN) [- u16_BD]) * u16_inverse_A;
u32_temp = ((unsigned short) u32_temp) * u16_A;
if(u32_AN != u32_temp [+ u16_BD])
{
  u32_num_errors++;
}
```

Die Laufzeitreduktion, die auf MSP430-Prozessoren erreicht werden konnte, wurde von der minimalen und maximalen Anzahl der benötigten Zyklen für die Durchführung der fastAN(BD)-Methode $\forall x \in \mathbb{Z}/2^{16}\mathbb{Z}$ abgeleitet. Die signifikanten Einsparungen zeigen die Eignung der neuen fastAN(BD)-Methode für den Einsatz in eingebetteten Systemen mit preisgünstigen Prozessoren.

Tabelle 2. Laufzeitreduktion der fastAN(BD)-Methode

Prozessor	fastAN	fastANBD
Intel i7-8700K	$\approx 45\%$	$\approx 20\%$
Intel i5-3320M	$\approx 61\%$	$\approx 35\%$
Intel i5-2520M	$\approx 67\%$	$\approx 40\%$
ARMv6 (Raspberry Pi)	≈ 9 - 66%[1]	≈ -12 - $+59\%$[1,2]
MSP430G2553 (ohne HW-Mult.)	≈ 29 - 84%[1]	≈ 31 - 84%[1]
MSP430F247 (mit HW-Mult.)	$\approx 89\%$	$\approx 88\%$

[1]: Laufzeitreduktion ist abhängig von Eingabedaten; [2] Laufzeit erhöht sich für $x = 0$

4.2 Restfehlerwahrscheinlichkeit

Für gleichverteilte Fehlerwahrscheinlichkeit wird die Restfehlerwahrscheinlichkeit $p_{AN(BD)}$ bei der Nutzung der AN(BD)-Kodierung wir folgt angegeben:

$$p_{AN(BD)} = \frac{1}{A}$$

Dies liegt daran, dass alle Vielfache von A die Integritätsprüfungsbedingung erfüllen. Dies gilt auch für Überläufe, die eine Dekodierung des Datenwerts auf die ursprüngliche Bitbreite verhindern würden. Dies wird im folgenden Beispiel illustriert.

$$x_c = x \cdot A = 65537 \cdot A = 0 \quad \text{mod } A$$

$$x' = \frac{x_c}{A} \text{ mod } 2^{16} = \frac{x \cdot A}{A} \text{ mod } 2^{16} = \frac{65537 \cdot A}{A} \text{ mod } 2^{16} = 1 \neq x = 65537$$

Die neue fastAN(BD)-Methode weist im Gegensatz zum Standardprüfungsverfahren eine geringere Restfehlerwahrscheinlichkeit $p_{fastAN(BD)}$ für alle $A < 2^n - 1$ auf. Sie erkennt Überläufe, die zu einem fehlerhaften dekodierten Datenwert führen würden, ein Vorteil, welchen das Standardverfahren nicht bietet. Daraus ergibt sich die Restfehlerwahrscheinlichkeit $p_{fastAN(BD)}$ als

$$p_{fastAN(BD)} = \frac{1}{2^n - 1} \leq p_{AN(BD)} = \frac{1}{A}$$

für gleichverteilte Fehlerwahrscheinlichkeit, wobei n die Datenbreite der unkodierten Datenworte darstellt. Somit ist die Restfehlerwahrscheinlichkeit $p_{fastAN(BD)}$ im Gegensatz zum Standardverfahren unabhängig von der gewählten magischen Konstanten A, wodurch auch kleinere As zum Einsatz kommen können, ohne eine höhere Restfehlerwahrscheinlichkeit zu erhalten.

Literaturverzeichnis

1. AIRBUS: Fly-by-wire; http://www.airbus.com/innovation/proven-concepts/in-design/fly-by-wire/
2. ARM: Cortex-M3 Technical Reference Manual, 3.3.1. Cortex-M3 instructions; Revision r2p0; http://infocenter.arm.com/help/index.jsp?topic=/com.arm.doc.ddi0337h/CHDDIGAC.html
3. R. C. Baumann, E. B. Smith: Neutron-Induced Boron Fission as a Major Source of Soft Errors in Deep Submicron SRAM Devices; Reliability Physics Symposium, 2000.
4. D. T. Brown: Error Detecting and Correcting Binary Codes for Arithmetic Operations; IRE Transactions on Electronic Computers; Vol. EC-9, Issue 3; 1960
5. P. Forin: Vital Coded Microprocessor Principles and Application for Various Transit Systems; IFAC Control, Computers, Communications; S. 79–84; 1989
6. T. Granlund: Instruction latencies and throughput for AMD and Intel x86 processors; 24.04.2017; https://gmplib.org/~tege/x86-timing.pdf
7. Microchip: 16-bit MCU and DSC Programmer's Reference Manual; DS70157F; http://ww1.microchip.com/downloads/en/DeviceDoc/70157F.pdf
8. NISSAN: Nissan Pivo Concept Press Kit: Overview; http://nissannews.com/en-US/nissan/usa/releases/435dd488-658e-433a-a57a-cd0184e4b51c
9. E. Normand: Single Event Upset at Ground Level; IEEE Transactions on Nuclear Science, Vol. 43, Issue 6; pp. 2742–2750; 1996
10. U. Schiffel: Hardware Error Detection Using AN-Codes; Disseration; Technische Universität Dresden; 2011
11. P. M. Ulbrich: Ganzheitliche Fehlertoleranz in eingebetteten Softwaresystemen; Dissertation; Friedrich-Alexander-Universität Erlangen-Nürnberg; 2014

Parametrierbare Übergabeschnittstellen im Entwurfsprozess für sicherheitsgerichtete Systeme

Daniel Koß

daniel.koss@posteo.de

Zusammenfassung. Der Entwurfsprozess für sicherheitsgerichtete Systeme bedient sich unterschiedlicher rechnergestützter Entwurfswerkzeuge. Spezifikationen werden typischerweise durch Anforderungen oder Anwendungsfälle beschrieben. Der Hardwareentwurf wird mit Hardwarebeschreibungssprachen oder Schaltplänen realisiert. Software wiederum wird mittels sequentiellen Ablaufbeschreibungen von Instruktionen beschrieben, welche von der Hardware unterstützt werden. Auf den ersten Blick erscheinen diese Entwurfsphasen unabhängig voneinander, allerdings können Synergien an den Übergabeschnittstellen von einer Entwurfsphase zur nächsten genutzt werden, um knappe Betriebsmittel zu vermeiden, ungenutzte Betriebsmittel zu minimieren sowie Fehlereinflüsse zu reduzieren. Es wird ein ganzheitlicher Blick von der Spezifikation über den Verhaltens- und Hardwareentwurf vorgestellt, der inhärente Synergien nutzt, um ein betriebsmitteladäquates Gesamtsystem zu entwerfen, welches die spezifizierten Charakteristika exakt erfüllt.

1 Einführung

Der Entwurfsprozess für sicherheitsgerichtete Systeme, das heißt die Ganzheit der zu durchlaufenden Entwurfsschritte, besteht in der Regel aus einzelnen Phasen zum Entwurf von

- Spezifikation: Definition von Eigenschaften, die ein System zu erfüllen hat
- Hardware: sämtliche physikalisch messbare Eigenschaften eines Systems
- Software: Verhaltensmodell eines programmierbaren Systems
- System: die Zusammenführung von Hardware und Software in ein integriertes Verhaltensmodell, welches die Spezifikation zu erfüllen hat

Es gibt darüber hinaus noch einige wichtige Hilfsdisziplinen, die den Systementwurf eher tangieren als signifikant zu beeinflussen. Dazu gehören beispielsweise:

- Konzeptentwurf: ein erstes, in der Regel unstrukturiertes, Sammeln, Zusammenführen und Konsolidieren von Ideen
- Integration: die Zusammenführung von Subsystemen in ein Supersystem, welche als Einheit wirken
- Test: Verifikation und Validierung des Systems gegenüber einer Spezifikation

2 Stand von Wissenschaft und Technik

2.1 Spezifikation

Die Norm DIN EN 61508 fordert als Vorgehensmodell für den Entwurf von einer Spezifikation hin zu einem lauffähigen Ergebnis für sicherheitsgerichtete Systeme das V-Modell [2, 3]. Hiernach werden, ausgehend von einer Systemspezifikation, die Teilspezifikationen für die Subsysteme abgeleitet, woraus später die Umsetzung erfolgt. Anforderungen in einer Spezifikation können grob in eine der folgenden Kategorien eingeordnet werden:

- Funktionale Anforderungen: eine konkrete Funktion, die das System ausführen soll, wie zum Beispiel: "Das System muss den Motor anschalten können."
- Nichtfunktionale Anforderungen: die Bedingungen, unter denen Funktionen ausgeführt werden, zum Beispiel: "Das System muss in einem Temperaturbereich von $-20\,°C$ bis $50\,°C$ korrekt arbeiten."

Systemspezifikationen werden in der Regel im Rahmen der Anforderungserhebung zu Beginn einer Systementwicklung erstellt. Das bedeutet, dass relativ früh im Entwurfsprozess Entscheidungen getroffen werden müssen, die den nachfolgenden Entwurf bestimmen, zum Beispiel eine bestimmte Technik. Kann eine angedachte Technik später nicht verwendet werden, muss die Spezifikation überarbeitet werden, was zu erhöhten Aufwänden führt.

Es existiert keine direkte Verbindung der Spezifikation zum Entwurf sowie dem Test des Systems; sie wird allenfalls als unterstützendes Dokument verwendet. Dies zeigt sich daran, dass für beide Phasen Freiheiten existieren, welche Raum für Fehler lassen. Zum Beispiel gibt eine Systemspezifikation nur Grenzbedingungen vor, welche nicht über- oder unterschritten werden dürfen, allerdings keine Entwurfsrichtungen, womit Interpretationsspielräume und Informationslücken möglich sind.

2.2 Hardware

Hardware bezeichnet sämtliche physikalisch messbare Eigenschaften eines Systems, welche sich grob in drei Kategorien unterteilen lässt. Zunächst sind dies *Eingabeeinheiten*, welcher sich beispielsweise Sensoren zuordnen lassen können. Im Weiteren folgen *Verarbeitungseinheiten*, welcher Prozessoren angehören. Für die Ausgabe von Berechnungsergebnissen sorgen letztlich *Ausgabeeinheiten*, welche beispielhaft durch Aktoren repräsentiert werden können. Als Eingangsgrößen für einen Hardwareentwurf dienen die folgenden Parameter:

1. Geschätzter Kapazitätsbedarf: unzureichende Informationen bezüglich des erwarteten Betriebsmittelumfangs führen dazu, dass eine Annahme getroffen wird, welche sich später als richtig oder falsch herausstellt
2. Kostenvorgaben: in der Regel liegen dem Hardwareentwurf monetäre Vorgaben zugrunde, welche zu Einschränkungen führen
3. Sicherheitsvorgaben: Anforderungen zur funktionalen Sicherheit, zum Beispiel aus einschlägigen Normen wie der DIN EN 61508

In der Praxis werden die Hardwareanteile von sicherheitsgerichteten Systemen entweder extern bezogen und integriert oder auf Grundlage der Spezifikation neu entworfen. Bei einer Entscheidung für einen externen Bezug kann von Wiederverwendbarkeit profitiert werden, was einerseits den Vorteil von betriebsbewährten Komponenten bietet, da diese unter verschiedenen Einsatzszenarien getestet wurden und mutmaßlich fehlerarm sind. Andererseits sind sie nicht ihrem Anwendungsfall angepasst und daher für den geplanten Einsatz entweder unter- oder überdimensioniert. Während der Fall der Unterdimensionierung dazu führt, dass die Spezifikation nicht erfüllt werden kann und somit unter allen Umständen vermieden werden muss, ist der Fall der Überdimensionierung eher mittelbar nachteilig. Ungenutzte Elemente unterliegen ebenso internen oder externen negativen Einflüssen wie genutzte Elemente und beeinflussen diese dadurch negativ, was zu Fehlern oder sogar Ausfällen zur Laufzeit führen kann. Wird hingegen eine Komponente dem Anwendungsfall adäquat entworfen, stellen sich Fragen zur Über- oder Unterlastung nicht, denn diese kann auf die Spezifikation zugeschnitten werden, womit die Betriebsmittelverfügbarkeit garantiert werden kann. Allerdings liegt bei diesem Vorgehen in der Regel keine Betriebsbewährtheit vor, womit das Risiko für unentdeckte Entwurfsfehler höher ausfällt.

2.3 Software

Im engeren Sinne wird mit dem Begriff Software die, in der Regel sequentielle, Ablaufbeschreibung für ein programmierbares System bezeichnet. Der Entwurf von Software findet nach dem aktuellen Stand der Technik innerhalb eines engen Korsetts der bereits bestimmten Hardware statt. Das bedeutet, dass Einschränkungen in der Entwurfsfreiheit der Software zu erwarten sind. Weiterhin herrscht bei Problemen nichtfunktionaler Art, zum Beispiel dem Einhalten von Zeitschranken, häufig nur noch Spielraum bei der Software, sodass diese Fehlauslegungen der Hardware kompensieren muss.

Sowohl der Softwareentwurf auf Maschinenebene als auch jener auf höherer Abstraktionsebene lassen sich auf gemeinsame Eigenschaften der Hardware zurückführen, die sie verwenden. Dies sind einerseits *Instruktionen*, also Anweisungen, die die Maschine auszuführen hat. Im Weiteren sind dies *Ein- und Ausgaben*, welche der Kommunikation mit anderen Betriebsmitteln dienen. Abschließend werden Eigenschaften zur *Datenhaltung* verwendet, zum Beispiel die Speicherung interner Zustände in Registern und im Arbeitsspeicher sowie des Programmflusses im Programmspeicher. Der Bedarf an Arbeits- und Programmspeicher ist erst nach Fertigstellung der Software bekannt, der zur Verfügung stehende Speicher wurde aber bereits mit dem Hardwareentwurf festgelegt, da Änderungen an der Hardware in der Regel mehr Zeit benötigen als Änderungen an der Software. Entweder ist zur Laufzeit mindestens so viel Speicher vorhanden wie benötigt, womit in der Regel zu viel Speicher vorhanden ist, oder es ist zu wenig Speicher verfügbar, um die Software unter allen denkbaren Umständen zu betreiben. Letzteres stellt den schlechtesten Fall dar, da hierdurch Ausfälle möglich sind. Deswegen wird die Hardware in der Regel tendenziell eher mit zu viel Speicher ausgestattet.

2.4 System

Nach Fertigstellung sowohl der Hardware als auch der Software ist die sogenannte Systemintegration im späten Entwicklungsverlauf der Zeitpunkt, an dem
lauffähige Hardware und Software zum ersten Mal miteinander in ein System
integriert und getestet werden. Vorher wurde beiderseits sowohl gegen die Spezifikation entwickelt als auch gegen Simulationen, welche ihrerseits aus der Spezifikation abgeleitet wurden. Sodann tauchen während der Systemintegration in
der Regel folgende Fragestellungen auf:

- Entstehen Betriebsmittelengpässe, beziehungsweise unter welchen Umständen treten diese auf?
- Können die geforderten Zeitschranken unter allen denkbaren Umständen eingehalten werden?
- Wenn Ausfälle oder Fehlerzustände auftreten, können diese sicher erkannt
werden und kann gegebenenfalls ein sicherer Zustand eingenommen werden?

Oft werden hierbei die folgenden Probleme identifiziert:

- Das Betriebsmittel Rechenzeit reicht nicht aus, um die geforderten Zeitschranken der um Rechenzeit konkurrierenden Softwaremodule unter ungünstigen Bedingungen einhalten zu können.
- Der Arbeitsspeicher stellt sich unter ungünstigen Laufzeitbedingungen als
zu niedrig bemessen heraus.
- Der Programmspeicher ist nicht ausreichend dimensioniert für die verschiedenen Softwaremodule, die integriert werden müssen.
- Softwaremodule blockieren sich gegenseitig beim Zugriff auf Betriebsmittel, wie zum Beispiel Kommunikationsschnittstellen, wodurch die geforderten
Zeitschranken gefährdet werden.

Nun, da eine Integration im fortschreitenden Entwurf in immer realitätsnähere
Umgebungen erfolgt, stellen sich getroffene Annahmen oftmals als idealisiert heraus. Die Konsequenz ist, dass kleine Abweichungen der Umgebungsbedingungen
zu Abweichungen im Verhalten der Subsysteme führen, was sich im schlechtesten Falle zu großen Abweichungen innerhalb des Systems potenziert. Die initial
durch die Systemspezifikation gestellten Rahmenbedingungen für das System
können dann nicht mehr eingehalten werden.

3 Optimierungsansatz

Als betriebsmitteladäquat werden Systeme bezeichnet, welche mindestens die
von ihnen benötigten Betriebsmittel aufweisen [9]. Einem betriebsmitteladäquaten System wohnt damit inne, dass es ihm niemals an Betriebsmitteln man-
geln wird, sei es unter durchschnittlichen oder unter ungünstigen Bedingungen.
Dies bedeutet auch, dass ein betriebsmitteladäquates System derart ausgelegt
werden kann, dass keine Verwaltung der Betriebsmittel nötig ist, da der einzige Grund einer solchen Verwaltung, zum Beispiel durch ein Betriebssystem,

in der Regel die knappen Betriebsmittel selbst sind [7]. Die Herausforderung ist, zu identifizieren, was die Schlechtfallszenarien eines Systems im Rahmen seines Anwendungsfalles sind, sodass unter allen denkbaren Umständen immer genau die Betriebsmittel zur Verfügung stehen, die zur korrekten Ausführung des Systems benötigt werden. Dies kann nach aktuellem Stand der Technik aufgrund des Einsatzes vieler problematischer Techniken, wie beispielsweise Unterbrechungen, Verdecktspeichern sowie Zeitverwaltungsalgorithmen, nicht gewährleistet werden. Als empfohlene Maßnahme zur Erhöhung der Zuverlässigkeit von Hardwarebauteilen wird Betriebsmitteladäquatheit auch in der DIN EN 61508 erwähnt, hier allerdings unter dem Begriff *Unterlastung* [2].

Bezüglich Ausfallsicherheit und Fehlertoleranz ist es wünschenswert, dass das Maximum an verfügbaren Betriebsmitteln nicht allzu weit vom notwendigen Minimum entfernt liegt. Jegliches Betriebsmittel, welches vorhanden ist, aber zur Laufzeit nicht verwendet wird, ist nicht nur überflüssig, sondern kann auch negative Störeinflüsse in das System geben. Beispiele hierfür sind erhöhte Fehlereinflüsse auf andere Betriebsmittel, erhöhte Testaufwände sowie erhöhte Anfälligkeit gegenüber Alterung und hochenergetische Strahlung aufgrund verringerter Strukturgrößen.

3.1 Spezifikation

Grundlage des Systementwurfs ist eine Spezifikation, welche die Rahmenbedingungen eines Systems absteckt und den möglichen Lösungsraum des folgenden Systementwurfs einschränkt. Als Betrachtungsgrundlage dienen Funktionen, welche die Analyse kausaler Zusammenänge subsystemübergreifend erleichtern. Auch die DIN EN 61508 betrachtet die funktionale Sicherheit auf Basis einer sicherheitsrelevanten Funktion. Erst nach erfolgter Bewertung der Funktionen werden Konsequenzen für einzusetzende Systeme gefordert [1]. Aus dem Gefährdungspotential, welches eine Funktion hervorruft, entstehen Anforderungen an die beteiligten Subsysteme.

Mit Erstellung der Spezifikation beginnt der Systementwurf als strukturiertes Vorgehen. Als Eingangsgrößen für die Erstellung einer Spezifikation für sicherheitsgerichtete Systeme dienen zunächst *Funktionale Erwartungen*, welche im Wesentlichen das Sollverhalten von Funktionen darstellen. Des Weiteren werden *Nichtfunktionale Erwartungen* als Eingangsgröße verwendet, welche die qualitativen Aspekte des Zielsystems beschreiben. Diese können Normen, subjektiven Erwartungen oder Umweltbedingungen entstammen. Abschließend werden mit *Einschränkungen* die Rahmenbedingungen bezeichnet, welche eingehalten werden müssen, ohne dass sie aus der Funktion oder den Umgebungsbedingungen als solche hergeleitet werden können. Diese sind die Verwendung bestimmter Techniken oder konkreter Architekturen, welche als Voraussetzung, zum Beispiel zur Interoperabilität mit anderen Systemen, einschränkend wirken.

Ausgehend von einer Spezifikation, welche sicherheitsgerichtete Funktionen sowie deren nichtfunktionale Rahmenbedingungen beschreibt, können die folgenden Rahmenbedingungen als konstruktiv einschränkendes Gerüst zum weiteren Detailentwurf als Eingangsparameter übergeben werden:

1. Anzahl an Funktionen
2. funktionale Verhaltensbeschreibung der Funktionen
3. qualitative/nichtfunktionale Rahmenbedingungen der Funktionen

Der nächste Entwurfsschritt, welcher die oben genannten Ausgaben als Eingaben entgegennehmen kann, ist der Entwurf eines Verhaltensmodells. Erst nach abgeschlossenem Verhaltensentwurf kann der Hardwareentwurf erfolgen, da erst zu diesem Zeitpunkt der Betriebsmittelbedarf sowie die qualitativen Rahmenbedingungen bestimmt werden können.

3.2 Verhaltensmodell

Unabhängig von der späteren Aufteilung in Hardware- und Softwareanteile muss eine Verhaltensmodellierung auf Grundlage des spezifizierten Verhaltens des Zielsystems erfolgen. Für den Entwurf eines Verhaltensmodells eignet sich Software repräsentiert durch textbasierte Programmiersprachen, aber auch modellbasierte, sogenannte semiformale Sprachen, wie UML oder MatLab/Simulink. Formale Methoden, zum Beispiel Petrinetze oder Zustandsautomaten, sind ebenfalls denkbar. Die genannten Methoden werden im Folgenden unter dem Begriff Programmiersprachen subsumiert. Der, nach dem aktuellen Stand der Technik, oftmals übliche Weg, zunächst die Hardware zu entwerfen und sodann die Software in das enge Korsett beschränkter Betriebsmittel zu pressen, führt oftmals zu Betriebsmittelengpässen zur Laufzeit. Software kann durch eine Programmiersprache zunächst ohne Einschränkungen entworfen und sogar gegen Simulationen verifiziert werden, ohne dass der aufwändige Entwurf von Hardware vollzogen sein muss. So kann bereits während des Entwurfs festgestellt werden, welchen Betriebsmittelbedarf die Software haben wird und daraus in einem späteren Schritt der Hardwareentwurf abgeleitet werden. Zum Beispiel kann die Software den Bedarf an Kommunikationsschnittstellen definieren, die Anzahl benötigter Rechenkerne, welche sich beispielsweise aus der Zahl an Funktionen aus der Spezifikation ableiten lassen, sowie den Bedarf an Arbeitsspeicher und Programmspeicher, welche sich erst aus den konkreten Bedarfen der Software ergeben. Es lassen sich nun die aus dem Spezifikationsentwurf resultierenden Ausgaben als Grundlage der Verhaltensmodellierung verwenden.

Die Anzahl der spezifizierten Funktionen kann direkt in die Anzahl von Softwareaufgaben überführt werden. Dies führt in einer Programmiersprache, welche multiple Aufgaben unterstützt, dazu, dass jede Funktion einer eigenen Aufgabe entspricht, welche zunächst unabhängig von anderen Aufgaben betrachtet werden kann. Eine Kompilierung in Maschinensprache erfolgt an dieser Stelle explizit noch nicht, da keine Zielmaschine bestimmt wurde. Daher existiert Software hier nur als abstrakte Darstellung einer Verhaltensbeschreibung. Der Vorteil dieser abstrakten Darstellung besteht darin, dass keine Kompromisse bezüglich einer Zielmaschine im Verhaltensentwurf eingegangen werden müssen, sodass sogar die Programmiersprache nach den Bedürfnissen der Verhaltensbeschreibung ausgewählt werden kann. Rahmenbedingungen lassen sich, bei der Auswahl einer geeigneten Programmiersprache, direkt verwenden, um die erstellte Verhaltensbeschreibung gegen die nichtfunktionalen Anforderungen zu verifizieren. Daraus kann hervorgehen, welche Hardware erforderlich sein wird, um das geforderte Verhalten mit den qualitativen Rahmenbedingungen umsetzen zu können.

Aus den in der Software enthaltenen Befehlen lässt sich, durch eine Abbildung von abstrakten Befehlen der Programmiersprache zu Befehlen einer abstrakten Maschinensprache, der Bedarf eines Befehlssatzes für eine Zielhardware darstellen. Beispielsweise finden arithmetische und logische Operationen die immer gleiche Abbildung in digitaler Logik, sodass diese eine Grundlage für eine generische, arithmetisch-logische Recheneinheit bilden können. Allerdings wären für einfache logische Verknüpfungen keine arithmetisch-logischen Recheneinheiten vonnöten, da diese direkt in Logik abgebildet werden können. Der funktionale Inhalt einer Recheneinheit kann für jede Aufgabe unterschiedlich sein, je nachdem welche Funktionen die jeweilige Aufgabe für die Abbildung ihres Verhaltensmodells benötigt.

Bedarfsermittlung Als Ausgangsbasis dient der konkrete Bedarf der Software. Für jede Funktion muss nach aufsteigender Komplexität unterschieden werden zwischen der Verwendung von diskreter Logik, was den einfacheren Fall darstellt, oder komplexen Rechenwerken, wie beispielsweise Mikroprozessoren. *Diskrete Logik* bezeichnet eine fest verdrahtete Logikverarbeitung ohne die Notwendigkeit des Zugriffs auf eine gespeicherte Ablaufbeschreibung. Diese ist direkt in Hardware umgesetzt, also in Form diskreter Logikelemente. Bei Bedarf kann der Zugriff auf Arbeitsspeicher erfolgen, um dynamisch veränderliche Daten abzurufen, zum Beispiel Berechnungsergebnisse einer parallel ablaufenden Recheneinheit oder gesammelte Daten einer Sensoreinheit. Es sind für diesen Fall Kommunikationsbahnen vorzusehen, Logikelemente sowie gegebenenfalls Arbeitsspeicher, aber kein Programmspeicher. *Komplexe Rechenwerke* benötigen neben dem eigentlichen Rechenwerk, welches die möglichen Instruktionen zur Verfügung stellt, in der Regel Arbeitsspeicher, um Zwischenergebnisse und Berechnungsergebnisse abzulegen sowie abzurufen. Außerdem wird eine Ablaufbeschreibung benötigt, welche im Programmspeicher abgelegt ist. Diese beinhaltet die Beschreibung der zu verwendenden Befehle und der Daten, auf welche diese Befehle anzuwenden sind. Der Unterschied der Benutzung komplexer Rechenwerke zu der Verwendung diskreter Logik ist der, dass das Programm sich eines bekannten, überprüfbaren und deterministischen Befehlssatzes bedienen kann. Mit steigender Komplexität des geforderten Verhaltens ginge in diskreter Logik auch eine dramatisch steigende Komplexität der diskreten Logikabbildung einher, was die Abbildung des Verhaltens unnötig komplex machen würde. Daher lässt sich ab einem gewissen Komplexitätsgrad sinnvollerweise eine Partitionierung in einen Befehlssatz und damit ein Rechenwerk einerseits vornehmen sowie eine Ablaufbeschreibung andererseits, welche jeweils separat zu überprüfen und zu validieren sind. Dies kommt dem intuitiveren menschlichen Verständnis von einzelnen Funktionspartitionen entgegen. Im Gegensatz dazu wäre eine komplexe Ablaufbeschreibung, welche vollständig in diskreter Logik abgebildet wäre, für einen menschlichen Prüfer nur schwer zu verstehen und damit auf ihre Funktion und Fehlerfreiheit nicht mehr sinnvoll zu verifizieren.

Entscheidungsfindung In diesem Entwurfsschritt muss die Entscheidung getroffen werden, ob für eine Aufgabe diskret abzubildende Logik in Frage kommt oder ob die Verwendung einer komplexen Recheneinheit sinnvoll ist. Eine Entscheidungsfindung zur Erreichung einer möglichst geringen Komplexität kann beispielsweise mittels sogenannter Softwaremetriken, das heißt erfassbarer, objektiver, reproduzierbarer und vergleichbarer Messzahlen, vereinfacht werden. Beispiele hierfür sind die *zyklomatische Komplexität* nach McCabe [10] oder die Halstead-Metriken [4]. Problematisch ist allerdings die Tatsache, dass selten binäre Entscheidungen auf der Grundlage von Metriken möglich sind. Einem Softwareprogramm lässt sich eine gewisse Maßzahl zuordnen, allerdings ermangelt es dieser Zahl einer Aussagekraft, ab welchem konkreten Wert eine Funktion als zu komplex gelten kann. Die Einstufung befreit somit nicht von einer menschlichen Interpretation und Bewertung der ermittelten Maßzahl im Rahmen eines konkreten Einsatzzweckes. Es müssen also zunächst Erfahrungswerte gesammelt werden, ab welchem Zahlenwert einer Metrik eine Implementierung in diskreter Logik zu komplex erscheint und eine Implementierung mittels einer programmierbaren Recheneinheit insgesamt weniger Komplexität nach sich ziehen würde. Ein entsprechender, empirischer Nachweis steht aktuell noch aus und wird Teil künftiger Untersuchungen sein.

3.3   Hardware

Nachdem im Verhaltensentwurf die Entscheidung getroffen wurde, welcher der genannten Fälle von Hardware für eine Aufgabe Verwendung finden soll, können die entsprechenden Parameter an den Hardwareentwurfsschritt übergeben werden. Die wesentlichsten Eingangsgrößen und damit die resultierenden Bedarfsanforderungen an die Hardware sind für jede einzelne Softwareaufgabe:

1. Bedarf an Instruktionen für ein Rechenwerk
2. Bedarf an Logik für die Verhaltensbeschreibung
3. Bedarf an Arbeitsspeicher
4. Bedarf an Programmspeicher

Zu 1: Wenn die Verhaltensbeschreibung finalisiert und die Entscheidung getroffen wurde, dass das Verhalten mittels eines komplexen Rechenwerkes umgesetzt werden soll, kann die betriebsmitteladäquate arithmetisch-logische Einheit gestaltet werden. Es werden nur die Maschinenbefehle vorgesehen, welche in der Verhaltensbeschreibung verwendet werden.

Zu 2: Für den Fall, dass die Komplexitätsbewertung der Verhaltensbeschreibung ergab, dass eine gewisse Funktionalität in diskreter Logik anstatt mit einem komplexen Rechenwerk umgesetzt werden soll, ist der Bedarf an Logik, und damit an Chipfläche, an den Hardwareentwurfsschritt zu übergeben, woraus dann ein logischer Schaltplan entstehen kann.

Zu 3: Der Bedarf an zu verwendendem Arbeitsspeicher ergibt sich aus dem Datum, welches den größten Speicherbedarf hat, multipliziert mit der Anzahl der zu verwendenden Daten. Für diskrete Logik ohne den Zugriff auf dynamischen Speicher entfällt dieser Parameter. Bereits mit dem Softwareentwurf sind alle jemals im Programmablauf benötigten Daten bekannt. Eine betriebsmittel-adäquate Software hätte damit zu jeder Zeit den von ihr benötigten Speicher zur Verfügung, unabhängig davon, ob die Daten verwendet werden oder nicht, somit entfiele auch die Notwendigkeit einer dynamischen Speicherverwaltung.

Zu 4: Ähnliches ergibt sich für die Berechnung des notwendigen Programm-speichers. Die Anzahl der Programmschritte, multipliziert mit der Größe der maximal möglichen Programmspeicherzelle, ergibt den gesamten, benötigten Programmspeicher. Eine Programmspeicherzelle wiederum setzt sich zusammen aus der Instruktion, den Eingangsdaten sowie dem Ausgabedatum. Da hier die arithmetisch-logische Einheit bereits definiert wurde, ist somit auch die Gesamt-breite einer Programmspeicherzelle bekannt.

Komplexe Rechenwerke benötigen einen Instruktionssatz sowie Arbeits- und Programmspeicher. Für die Verwendung von einfacher bis hin zu komplexer Logik reicht, im einfachsten Falle, die Verwendung von Logikgattern aus, im komplexeren Falle werden Arbeitsspeicher benötigt.

3.4 System

Mit Abschluss des Hardwareentwurfs ist auch das Gesamtsystem definiert und erstellt, sodass keine spezielle Systemintegration von Software- und Hardware-anteilen in ein Gesamtsystem erfolgen muss, wie dies im klassischen Ansatz der Fall wäre. Im Vergleich zum klassischen Ansatz erübrigen sich Fragen nach Betriebsmittelengpässen bezüglich des Arbeitsspeichers, der Rechenzeit oder der Reaktionszeiten, welche innerhalb der Integrationsphase normalerweise intensivst validiert werden müssten. Die Gewissheit der Erfüllung eben dieser Anforderungen ist dem Entwurfsprozess inhärent. Nichtsdestotrotz ist weiterhin das intensive Testen auf Freiheit von Entwurfsfehlern vonnöten, da diese nur allzu leicht durch menschliches Versagen oder fehlerhafte Entwurfswerkzeuge in die Entwurfsartefakte eingebracht werden können.

4 Fazit

Durch eine radikale Umstrukturierung der Entwurfsphasen sicherheitsgerichte-ter Systeme sowie an die vorausgehenden Schritte maßgeschneiderte Entwurfs-abschnitte entsteht ein System, das betriebsmitteladäquat ist, also exakt die Betriebsmittel zu Verfügung hat, die für den Betrieb gemäß des Anwendungs-falls unter allen vernünftigerweise anzunehmenden Umständen notwendig sind. Dafür werden Ausgabegrößen einer Entwurfsphase direkt an die nachfolgende Entwurfsphase übergeben, welche diese Größen wiederum als Eingangsparame-ter übernimmt. Durch die Interkonnektivität der Entwurfsphasen ist sowohl eine Vorwärts- als auch Rückwärtsverfolgbarkeit der Anforderungen und Entwurfs-fragmente gegeben. Sogar das Prinzip der diversitären Rückübersetzbarkeit [8] lässt sich durch dieses Vorgehen einfacher verfolgen und damit der Nachweis er-bringen, dass durch die Entwurfswerkzeuge keine Fehler in die Entwurfsartefakte eingebracht wurden.

5 Ausblick

Es muss untersucht werden, inwiefern existierende Entwurfsmethoden, wie zum Beispiel Spezifikationsmethoden, Verhaltensbeschreibungssprachen oder Hardwarebeschreibungssprachen, geeignet sind, Einsatz innerhalb des betriebsmitteladäquaten Entwurfs mittels parametrierbarer Übergabeschnittstellen von sicherheitsgerichteten Systemen zu finden. Im Weiteren muss ein verstärkter Fokus auf den Entwurf des Soll- und Fehlverhaltens des Zielsystems gelegt werden anstatt auf die Optimierung des Betriebsmittelbedarfs. Im Gegenteil besteht mittels des betriebsmitteladäquaten Ansatzes die Möglichkeit, den Betriebsmittelbedarf mehr und mehr zu vernachlässigen, sodass sich ein Systementwurf auf das Systemverhalten fokussieren kann.

Eine offene Frage ist die nach der Komplexitätsbewertung der Verhaltensbeschreibung und damit einhergehender Notwendigkeit an Hardwarebetriebsmitteln. Beispielsweise ist unklar, ab welchem Umfang es sinnvoll erscheint, eine Verhaltensbeschreibung anstatt in diskreter Logik mittels komplexer Rechenwerke abzubilden und welche dieser Möglichkeiten eine geringere Komplexität des Gesamtsystems bedeutet. Dem geht die Frage voraus, welcher Messwert als idealer Gradmesser einer Komplexitätsbewertung gelten kann. Dies gilt es in folgenden Untersuchungen durch realistische Modelle abzubilden und zu evaluieren.

Literaturverzeichnis

1. Deutsches Institut für Normung: *DIN EN 61508-1 - Teil 1: Allgemeine Anforderungen.* 2010
2. Deutsches Institut für Normung: *DIN EN 61508-2 - Teil 2: Anforderungen an sicherheitsbezogene elektrische/elektronische/programmierbare elektronische Systeme.* 2010
3. Deutsches Institut für Normung: *DIN EN 61508-3 - Teil 3: Anforderungen an Software.* 2010
4. Halstead, M. H.: *Elements of software science.* Elsevier. New York, 1977
5. Koß, D.: *A Comparative Survey of System Specification Techniques for Safety-related Environments.* In: H. Unger, W. A. Halang (Hrsg.): *Autonomous Systems 2016 – Proceedings of the 9th GI Conference.* VDI Verlag. Düsseldorf, 2016, S. 1-21
6. Koß, D.: *Prozessorarchitektur zum Einsatz unter sicherheitsgerichteten Echtzeitbedingungen.* In: W. A. Halang, O. Spinczyk (Hrsg.): *Betriebssysteme und Echtzeit.* Springer. Berlin, Heidelberg, 2015, S. 21-30
7. Koß, D.: *Vermeidung dynamischer Betriebsmittelverwaltung in sicherheitsgerichteten Echtzeitsystemen.* In: Halang, W. A.; Unger, H. (Hrsg.): *Logistik und Echtzeit.* Springer. Berlin Heidelberg, 2017, S. 119-128
8. Krebs, H.; Haspel, U.: *Ein Verfahren zur Software-Verifikation.* In: Regelungstechnische Praxis rtp 26, 1984, S. 73-78
9. Lawson, H. W.: *Parallel Processing in Industrial Real-Time Applications.* Prentice-Hall Inc. New Jersey, 1992
10. McCabe, T. J.: *A Complexity Measure.* In: IEEE Transactions on Software Engineering, Vol. SE-2, Nr. 4, S. 308–320. Dezember 1976

Printed in the United States
By Bookmasters